節約女王の お金が貯まる冷蔵庫

OKANE GA TAMARU REIZOUKO

社

contents

「お金を貯めよう！」と決めた瞬間にまずやったことは冷蔵庫の中の整理でした

step1 ぜーんぶ出してみた！ …8

step2 きれいにしてみた！ …9

step3 戻すもの、捨てるものに分けてみた！ …10

step4 自分の「買いぐせ」を見直してみた！ …11

step5 置く場所を考えて決めてみた！ …12

1か月使いきりを意識したら月6万円の食費が半分に♪ …13

さらに1年続けたら1万円台までダウン！

ムリなく予算を減らしてリバウンドなし！ …14

武田家の食費DATA …16

第**1**章

冷蔵庫から始める食費節約のワザ

簡単ルールで食材をラク～に使いきり！

冷蔵室 …20

上段、中段、下段を使い分け …22　コの字配置 …23

箱にまとめる …24　パンセット、ごはんセット …25

飲みものゾーン …26　おかずの置き場所 …27

同じものは同じ場所に …28　棚板を動かす …29　チルド室 …30

ドアポケット …32

粉ものや粉末調味料 …34　小さな調味料 …35　開封した日付を書く …35

乾物やだし …36　「元に戻す」を徹底 …37　調味料を厳選 …37

野菜室 …38

仕切りは紙袋 …40　使い残さない …41　節約保存ワザ …42

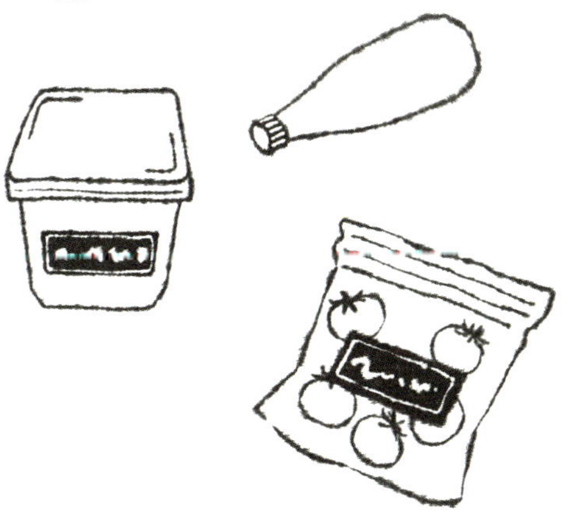

冷凍室 …44

ラベル管理 …46　細かいものは上のトレーに …47　肉は小分けに …48

肉の下味冷凍 …49　野菜は生のまま冷凍 …50　オリジナルミックス野菜 …51

おすすめ冷凍アイデア …52　オリジナルミックス冷凍野菜のススメ …58

おかず箱 …60　魚介類の冷凍 …62　うまみ食材の冷凍 …63

豆腐やこんにゃくの冷凍 …64　おもしろ冷凍アイデア …66

第2章

買い方、使い方を見直してムダをとことんカット！

買いもののルール

真由美流・買いものの5つのコツ …70

常温の買いおき …72　冷凍食品・缶詰 …74

野菜は生にこだわらない …75

オトクなPB …76　価格よりも単価 …77

小さいサイズを使いきる …77　白食材 …78

節約食材・神セブン …80
高い食材や調味料は買わない …88
肉や魚はまとめ買い …90
お茶やドレッシングは自家製で …98

まだまだあります！ 真由美の節約小ワザ集

1 ごはんの供 …100
2 献立は一汁二菜 …101
3 みそ玉を常備 …102
4 計量スプーンを使う …104
5 汁ものはお椀で計量 …104
6 賞味期限と消費期限 …105
7 スマホアプリを活用 …106
8 献立ノートをつける …108
9 食材の鮮度をキープ …112

おすすめの冷蔵庫グッズいろいろ …114

食費節約につまずいたら… 真由美流で乗りきって！

困ったときのQ&A

冷蔵庫編 …118
調理編 …120
食費管理編 …122
その他 …124

真由美の節約金言集 …126

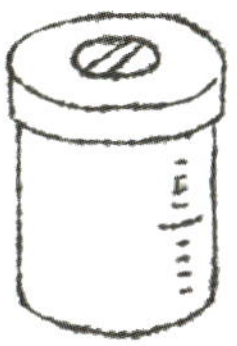

この本の見方

※計量は小さじ1＝5mℓ、大さじ1＝15mℓ、1カップ＝200mℓです。

※電子レンジは600Wのものを使用しています。
500Wの場合は加熱時間を1.2倍にするなど、お手持ちの機器に合わせて調整してください。

※おかずの価格は著者がもっとも低価格の食材を購入して計算したもので、
参考としてお考えください。また、調味料、米の価格は含みません。

「お金を貯めよう！」と決めた瞬間にまずやったことは冷蔵庫の中の整理でした

今を去ること20年前。新婚時代の私の辞書には「節約」「貯金」という言葉は一切ありませんでした。お金はあるだけ使い、食費がいくらかかっているかも知らず…だったのですが、ある日、生活費をATMで引き出してみると、なんと残高が1万円を切っていたんです！

「え…!?　マジで!?」

半年後には車検代が必要なのに、このままではまずい!!　そんな大ピンチから始めたのが、手っ取り早くできそうな食費カットでした。

知識ゼロの私が参考にしたのは、リアルな実例がたくさん紹介されていた主婦向けの生活情報誌です。その雑誌を穴があくほど読み込むと、貯金できている人はみんな冷蔵庫がすっきり整頓されているという共通点を発見！　そうか、と思って自分の冷蔵庫を見ると、何が何やら…。ただ物が詰まっているだけで、在庫という名のムダのかたまりを作っていただけだったんです。

私の食費の問題は絶対ここにある！　買ったものをちゃんと使いきりさえすれば、食費は確実に減る。貯金できる。ようやくつかんだ極意を、この本でたっぷりご紹介したいと思います！

step 1

ぜーんぶ出してみた!

ぎょっとするくらい
たくさん…

お金を貯めるなら、とにかく一度冷蔵庫の中身を把握しなくてはダメ。私も腹をくくって出してみました。一度に広げる場所がないので、冷蔵室とポケット、野菜室、冷凍室とそれぞれ場所ごとに出すのがおすすめですが、正直言って、唖然とします。買いすぎたもの、作ったのに食べられないほど化石化したものがぞろぞろ出てきます。

step 2

きれいにしてみた!

全部出してすっからかんになるとわかりますが、冷蔵庫って相当汚れています。私の冷蔵庫も、液だれや乾燥した野菜カスですごく汚かった。でも、そのまま戻すとまた適当に保存してしまいそうだったので、汚れをきれいに拭いてアルコールスプレーで消毒。ピカピカにすると、きれいに使いたいっていう気持ちがわいてきます。

step 3

戻すもの、捨てるものに分けてみた!

全部出した食材は、まだ食べられるもの、廃棄するものに分け、食べられるものだけ冷蔵庫に戻します。ここでしっかり見ておくのは、廃棄するもの。それがお金にするといくらになるのか、ざっとでも計算してみてください。その金額は、確実に貯められるお金です。私は1か月間の廃棄を調べたのですが、なんと3万円分もありました。

step 4

自分の「買いぐせ」を見直してみた!

捨てる前に、ダメにしてしまった食材をもう一度よく眺めます。すると、自分のウィークポイントが見えてくるはず。健康食品に弱い、激安食材に弱い、おかずの作りすぎ、おかずの保存状態が悪いなど…。そこがお金のムダであり、自覚して直すところです。私はお買い得品に弱かったのですが、使いきれなければ割高と思うようになりました。

step 5

置く場所を考えて決めてみた！

使いやすさと
見やすさ優先で♪

冷蔵庫の中も使いやすい位置、使いにくい位置があります。そこで、それぞれのスペースを上手に使うために、何をどこにしまうのか、ざっくりとした定位置を決めました。意識したのは、見やすく取りやすいこと。これを徹底した結果、在庫がどのくらいあるかひと目でわかるようになり、ムダ買いがグッと減らせました。

1か月使いきりを意識したら月６万円の食費が半分に♪

調べた結果、月の食費が6万円もかかっていたわが家。当時は私もパートで共働きだったとはいえ、夫婦２人で明らかに使いすぎでした。でも、冷蔵庫のムダに気づいた途端、捨てていた3万円分の食材費が浮いて、貯金やおこづかいがアップ！

今は日用品費を合わせて２万円！

家計を見直してから、食費は日用品費を合わせた生活費として計上しています。それは、食材も日用品も同じ店で買いものすることが多いから。同じ予算にすると、細かく家計簿をつけなくても１枚のレシートで管理できるのでとってもラク！

←食費の内訳はP.16で詳しくご紹介します！

さらに1年続けたら1万円台までダウン！ムリなく予算を減らしてリバウンドなし！

食費3万円になってからは、徐々に予算減らしに挑戦。赤字になったら戻し、数千円ずつ1年間かけて最高1万円台まで落とせるようになりました。冷蔵庫を自由にコントロールできたおかげで、暮らしを楽しみながら着々とお金も貯まっています！

節約前

4月
食費
60,000円

節約スタート

5月
予算
30,000円
（残りなし）

6月
30,000円
（残り500円＝外食＆おこづかいに）

7月
30,000円
（残り5,000円＝おこづかいに）

8月
27,000円
（残り3,000円＝おこづかいに）

9月
25,000円
（残り4,000円＝外食＆おこづかいに）

10月
22,000円
（残り1,000円＝おこづかいに）

11月
20,000円
（赤字1,000円→予算を戻す）

12月
22,000円
（残り1,000円＝おこづかいに）

1月
22,000円
（残り3,000円＝外食＆おこづかいに）

2月
20,000円
（残り500円＝おこづかいに）

3月
18,000円
（残り500円＝おこづかいに）

1年でさらに月1万円以上の節約に成功！

こんなことができるようになりました!

- 犬との暮らしができるように。
  医療費もかかるけど、節約した分でクリア!
- ダンナさんのバイクやゲーム、
  私のカフェ巡りや食器集めなど、趣味が持てるように。
- コーヒーや紅茶などはインスタントから卒業。
  家でカフェ気分を味わう楽しみが増えた。
- 以前は軽自動車２台だったのが、
  １台はちょっと大きめの普通車に乗れるようになった。
- 電化製品や家具は、値段で妥協せずに、
  本当にいいと思えるものを買えるように♪
- 以前はあと回しだった、自分のおこづかいが増えた。
  メンテナンス費用もがっちり確保（笑）
- ここ、行きたいね！ と話題になったところに、
  ちょこちょこ旅行に行けるように。
- ダンナさんと自分へのごほうびで、
  記念日にググッとレベルアップしたお店で外食。

**自分の好きなこと、
好きな暮らし方が
選べるようになりました。**

こんな流れで管理しています
武田家の食費DATA

食費とは別の予算にしているもの

米…年3万円

産直市で年3回ほど玄米30kg(7,000円前後)を購入し、10kgごとに精米。年末になって残ったお金は年末年始のレジャー費などに回します。

ぜいたく費…1万円

おやつ、酒、ジュース、外食などはここから出します。

予備費…1万円

食費(日用品費含む生活費)は月2万円

〈おおよその内訳〉

肉、魚、卵などメインの食材…1万円

野菜…3,000～5,000円

(高騰時はその他の予算からカバー)

調味料…2,000～3,000円

その他(日用品など)…4,000円

食費予算の管理は袋分け

生活費、ぜいたく費、予備費の3つの袋を用意して、予算の現金を入れます。生活費、ぜいたく費は基本的にカード払いにしてポイントを貯め、買いものをしたらその日のうちにカード払いの金額をノートに書き、累計を出します。

例えば…

日付	使った額	使った額の計/予算
4月11日	2,800	2,800/20,000
4月20日	3,000	5,800/20,000

カード締め日翌日に、袋分けしてあった生活費2万円を口座に入金(余った予算はあと取り貯金に)。ぜいたく費の余りは現金のみの店で支払えるように、現金で取りおきます。

100
100

夫(41)と
2人暮らし。
わんこが1匹
いっしょです♪

食費節約は まずここからスタート!

1 食材のムダを調べる

ノートにレシートを貼り、捨てた食材にマーカーを引きます(おかずの場合はおよその材料費を割り出して)。ノートに捨てたものリストの一覧を作り、月末に捨てた金額を集計。

2 食費予算を立てる

食品のレシートを週ごとに重ねて貼り、週の合計金額を出します。月末になったら月合計を出し、1か月分の金額をまずは集計。その金額をもとに予算を立てます。

3 少しずつ予算を減らす

2か月間予算を守れたら、3,000円くらいずつ減らします。赤字になったら戻し、黒字がキープできたら再び減らします。

買いものの頻度は 10日に1回

メインの買いものは、割引とポイントがおトクになる日に集中して買います。10日間、食材が足りなくならないように計画的に消費。無人の産直スタンドは、散歩中に見てお買い得があればときどき購入します。

買いものをするところ

スーパー(同系列の店にしてポイントを集中貯め)、産直市、無人スタンドで。

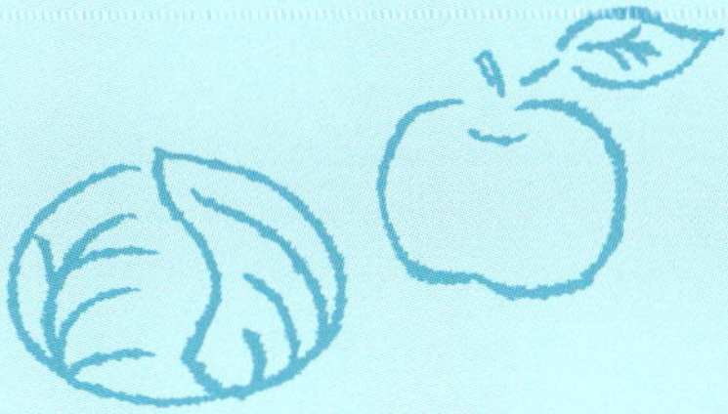

片栗粉
小麦粉
海苔 鰹節など
レモン汁
甘辛たれ

第1章

簡単ルールで食材をラク～に使いきり！

冷蔵庫から始める食費節約のワザ

食費削減のコツは、ムダなものをなくすだけ、買ったものをきちんと使いきるだけ。とってもシンプルな話なんです。でも何から手をつけていいかわからないときは、人マネから入るのがいちばん！（私がそうでしたから）今まで試して効果があった方法をご紹介するので、できそうなことからトライしてみてください。とにかくやってみる！　が最強の〝貯め活〟です！

冷蔵室

冷蔵室は食材の一時置き場と考えて。
使い残しが出ないように見やすく整理

1段め

出し入れしにくいので、頻度が低いもの入れに。右はこんにゃく、魚肉ソーセージなど日持ちする常備食材、左はお酒など飲料のコーナーにしています。

2段め

メインエリアとして活用。右は作りおきなどのおかず、左は早めに使いたい消費の優先順位が高いものを置きます。まん中はあけてフリースペースに。

3段め

ここも取り出しやすいエリアなので、すぐ使うものの定位置に。まん中をフリースペースにし、その日に使う肉、魚、豆腐などの定番食材置き場に。

4段め

頻繁に出し入れするものはここ。右はソーセージや卵、左はジャムやごはんのお供などの『朝食コーナー』に。低い位置なので汁けのあるおかず置き場にも〇。

5段め

その日に使わない肉や魚、開封後のチルド品はここに。チルド室は引き出し式なので、見逃さないよう中身をこまめに確認し、早めの消費を心がけています。

みそ
ALL FREE
金麦
ビール 酎ハイ
からし
特選
おかめ納豆
おかめ仕立て
すりごま
たまご
低糖質
調製豆乳
牛乳
真空チルドV

上段、中段、下段は
目線に合わせて使い分け

在庫管理といっても、どの棚に何を置くか、ざっくりと定位置を決めておくだけ。意識しているのは棚の使い分けです。開けたとき、すぐ目に入る棚を頻繁に出し入れするもののスペースに。手が届きにくい最上段や、目線が届きにくい下は日持ちするものや常備品に。これが回転のいい冷蔵庫の秘訣！

奥まで見渡せるように コの字配置に

2〜3段めは使いやすい半面、何でも突っ込んで奥のものが見えなくなりやすいのが難点。そこで、手前真ん中はなるべくあけるコの字配置を基本にしています。全体がすぐ把握できると使い残さないし、扉を開けている時間も短く済むので電気代節約にも効果的！

バラ置きすると忘れそうなものは
箱にまとめる

チーズ、魚肉ソーセージ、ハムなど、包装や結束をはがすとバラバラになってしまう食材は、半端野菜のようにプラかごなどにまとめておくと、残数の確認がスムーズ。かごごと引き出せば目線より上の棚に置いても食材が目に入るし、冷蔵室もすっきりします。

ココ!

ケース
⇒P.116

毎日使うパンセット、ごはんセットは定位置に

朝食に出すジャムやバター、つくだ煮、梅干しなどは、ダブり買い防止と取りやすさを兼ねて、造りつけのトレーにまとめています。何がどのくらいあるか在庫がよくわかるし、あれこれ半端に開けて使いきれないこともなし。トレーに入るだけ、と決めれば買いすぎも防げます。

パンセット

朝食がパンの日に使うマーガリン、ヨーグルト、ジャムは、ごはんセットのうしろに。ジャムは何種類も買わず、ひとつに絞ってます。

ごはんセット

梅干しやつくだ煮など、ごはんのお供をひとまとめに。浅いトレーに入るだけと決めているから、余分に買いすぎません。

飲みものゾーンを決めたら置くのはそこだけに

ビールやジュースなどのドリンク類は、制限をかけないとつい買いすぎてしまいがち。わが家では1段めの左側の引き出しに入るだけ、とスペースを決めてムダ買いしないようにしています。夫が買ってきた場合も、スペースに入らなければ別の場所で保管。置くスペースをむやみに広げないことが大切です。

作りおきは
透明容器に

おかずの置き場所を決めて食べ忘れを防ぐ

おかずを作りおきしていたのに、うっかり出し忘れてダメにしてしまった…なんてことのないように、おかずは定位置管理を徹底。私の場合は2、3段めの右側。ここを見れば、何があるか確実に把握できます。保存容器は透明なものにして、おかずを“見える化”するのも秘訣！

見落としをなくすため
同じものは同じ場所に

在庫を把握する方法って、じつはとても簡単なんです。スーパーの陳列棚と同じように、同じ種類のものを同じ場所に置くだけ。それだけで、使い残しや見落としが驚くほど減らせます。「忘れないように」と考えるんじゃなく、「忘れないしくみ」を作る。これが大事です。

棚板は入れるものに合わせて自由に動かして

冷蔵室の定位置はざっくり決めておきますが、大きなものなどを入れるときは棚板の位置を調整してスペースを作ります。わが家は下段の半分が外せたり、2、3段めの棚の位置が変えられるタイプ。自分の家に合わせて使いやすく工夫するのも、上手な在庫管理につながります！

賞味期限は使うときにチラ見します

冷蔵室からものを出したタイミングで、必ず賞味期限をチェック。早めに使ったほうがよさそうなものがあれば、冷蔵庫やポケットの手前に置いて早めに使いきるようにします。

今日使わないものは
チルド室に入れる

チルド室の温度は冷蔵室より低い0℃付近に設定されていて、冷蔵室と冷凍室の中間のような場所になります。冷蔵室より鮮度が保ちやすいので、肉や魚はもちろん、ちくわやハムなどの加工品、開封したチーズの定位置にもぴったり。時間がたっても劣化しにくく、おいしさが長持ちします。

こんなものを入れてます

● 鮮度が大切なもの

肉、魚介などの生ものは、少しでも長持ちさせたいもの。まとめ買いするなら、チルド室を上手に使っておいしさをキープするのは必須です。

● 使いかけのもの

賞味期限は未開封の状態が目安。いったん開封してしまうと鮮度がすぐ落ちてしまうので、劣化が遅いチルド室での保存がおすすめです。

ドアポケット

すっかり忘れて冷蔵庫の肥やし…にならないように
ラベルを貼ったり詰め替えでわかりやすくしています。

よく使うものは**右**ポケット

粉もの

すぐ使いきれない小麦粉や片栗粉などの粉類は、害虫対策と使いやすさを兼ねてポケットに。ケースに詰め替えれば使うときもラクです。

乾物・調味料

ドレッシングやたれは極力買わず、調味料は確実に消費できるものを厳選。乾物も冷蔵庫に入れたほうが劣化が遅く、在庫も把握しやすいです。

出番が少ないものは**左**ポケット

みそ・小袋調味料

上段は狭いので、みその容器と小袋調味料ケースの定位置に。小袋調味料は、ケースに入れてまとめるとちゃんと使いきれます！

チューブものなど

中華系調味料やチューブ調味料など、毎日使わない、こまごましたもののコーナー。チューブはケースに立ててしまうと見逃しません。

粉末調味料

鶏ガラスープなどの顆粒だし、ごまや青のりなど袋ものの乾物も、見やすいポケット収納にすれば使い残しなし。風味も保てます。

大きなパッケージのドリンクもの

大きな飲みものは、基本的にここに入るだけ。ペットボトルのお茶など自分で用意できるものは買わないようにしています。

粉ものや粉末調味料はクリア容器に詰め替える

透明容器に詰め替えるメリットは、残量が見えること。どれくらい残っているかわかるから、使いきれないほどの在庫を持つこともなし。買いすぎが防げます。密閉性があるので、防虫対策や劣化を防ぐ目的でもおすすめです。

よく使う小麦粉、片栗粉は、大袋の容量がそのまま入る1.4ℓ入りの容器を使用。

残りがちな粉末調味料も、100円の透明容器に詰め替えればわかりやすい！最後までとことん使えます。

容器
⇒P.117

小さな調味料はまとめて最後まで使いきる

お弁当や総菜を買ったときにもらう、しょうゆや餃子のたれなどの小袋も、調味料として使いきれば節約に！　透明な100円ケースにまとめて入れておけば、こまめにチェックする習慣ができます。

ワンプッシュで開く100均の調味料ケースを活用。見やすく整理しやすいすぐれもの。

チューブ立てに使っているのは、100円の文具コーナーで見つけた仕切りつきケース。

開封した日付はキャップに書いておく

使いきれない調味料を減らすコツは、開封日をマジックで書いておくこと。日付が目に入ると早く使おうという意識が生まれるし、消費ペースをつかむのにも役立ちます。

開封した乾物やだしなどは大きな容器にまとめておく

容器
⇒P.117

よく使う調味料といっしょに、手が届きやすい2段めに入れるとすぐ取り出せます。

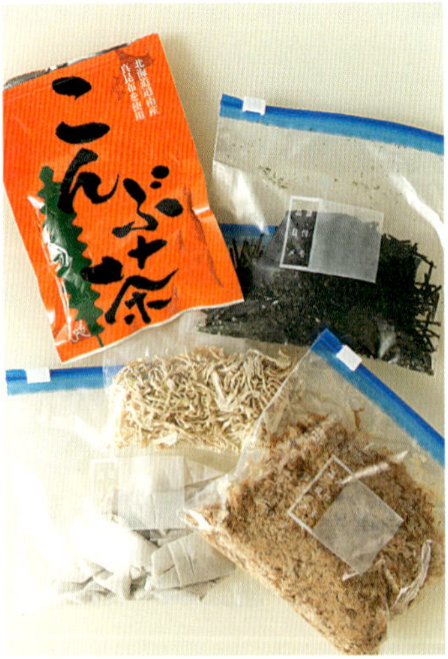

使いかけの乾物は空気を抜き、粉ものと同じ密閉性の高い保存ケースに入れてポケットで管理。透明ケースに入れて“見える化”することで、使いかけを忘れず、風味の劣化も防げます。外の引き出しに入れておくより確実に目に入るから、使い残しはゼロ！

中身は切干大根やのり、だしパック、お茶など。それぞれファスナーつき保存袋に入れて。

「出したものは元に戻す」を徹底する

詰め替えたケースや保存袋だけなく、ポケットにもラベルを貼っています。理由は、どこに何を置くか夫にも把握してもらうため。家族が元に戻せるようになると、スムーズに在庫管理できます。

ラベルライターのテープは水に強くすぐはがせるので、場所の入れ替えも簡単。

テープライター
⇒P.114

調味料は使いきる自信があるものだけに

「使いきれない調味料は持たない」。これを徹底しているので、調味料は本当にシンプル。簡単に作れるドレッシングやたれを買わなければ、ポケット内の賞味期限切れも一気に減ります。

野菜室

ひと目で在庫がわかるように
重ねずに入れ方を工夫しています。

上のトレー

小さいもの、半端もの、薄いものは上段の浅いトレーに入れて見やすく整理。可動式の仕切りがついている100円のかごは、小さくて細かい野菜の専用スペース。ほかの野菜に紛れることなくパッと目に入ります。

細かいものを
まとめて

下の野菜スペース

大きな野菜は、深さのある下段のスペースに。緑のポリ袋は、熟成をすすめるエチレンガスを吸収する野菜果物専用の保存袋。これに入れると持ちが違います。根菜や玉ねぎも野菜室のほうが常温より長持ちです。

ひと目で
在庫がわかる

仕切りは紙袋。
汚れたらすぐ交換できて便利

保存袋
⇒P.115

野菜が重なって埋もれないように、下段は小さい紙袋（スタバの袋がちょうどいい！）で仕切っています。持ち手のひもを切って口を内側に折り込むと、強度アップ。大物野菜もすっぽり入り、汚れたらポイッと捨てて新しいものと交換するだけ。ノーコストですっきり！

×
これは
NG

ごちゃっ

小さな野菜やハンパものは まとめて使い残さない

半端に使い残した野菜を確実に使いきるために、配置もひと工夫。上段のトレーのいちばん手前に『まとめて』置いておくことで、早く使いきるものとして見るようになります。小さくてほかの野菜に紛れやすいものは、ケースなどに入れて整理。

使い残したらラップで包み、定位置にしているトレーの手前で保管。小さいもの用に浅いトレーも入れておくと、さらにわかりやすくなります。100円のケースは仕切りが動かせるものがいちばん使いやすいです。

ケース
⇒P.116

野菜を最後までおいしく使いきる

節約保存ワザ

こうすれば
長持ち!

傷んで捨ててしまうのはいちばんもったいないから、足が早い野菜は
長持ちさせるひと工夫が欠かせません。この方法はどれも効果バツグンなので試してみて!

レタスは芯に楊枝を刺しておく

レタスは芯の部分に成長点があるので、つま楊枝を3本ほど刺して成長を止めます。外葉は保湿のため巻いたままに。キャベツも同様の方法で長持ちします。

葉ものは根元を濡らしたペーパーで巻いておく

根元が乾燥するとすぐしなびてしまう水菜や三つ葉などの葉もの。濡らしたペーパータオルを巻き、立てて保存すると葉先がしょんぼりしません。

しょうがはひたひたの酒につける

野菜室に置いておくと乾燥してカチカチになってしまうしょうがは、よく洗って皮ごとお酒に漬けておくだけで驚くほど長持ち!　冷蔵で3か月はいけます。

青じそは根元を少量の水につける

コップやびんに根元が浸かる程度の水を入れて挿し、ラップをかけておけば1週間以上ぴんぴん!　水は2日おきくらいに替えれば腐ったりもしません。

ブロッコリーの軸やかぼちゃの皮、
キャベツの芯など捨ててしまうところも、
おいしく食べられます。
細く切ってサラダや
ガレットなどにしても。

芯も皮も
捨てません!

かぼちゃの皮のガレット風

材料（作りやすい分量）

かぼちゃの皮（細切り）……1個分

A
- 顆粒コンソメ……小さじ1
- 塩・こしょう……各少々
- 小麦粉……大さじ4

オリーブ油……適量

作り方

❶かぼちゃの皮は水にさらし、水けをきってボウルに入れ、Aを加えて軽く混ぜる。

❷フライパンにオリーブ油を熱し、①をスプーンなどで落として広げる。押さえながら弱めの中火で両面を5〜6分焼く。

ブロッコリーのエコサラダ

材料（作りやすい分量）

ブロッコリーの茎……2株分

ハム（細切り）……2枚

A
- マヨネーズ……大さじ2
- オリーブ油……大さじ1
- 塩・こしょう……各少々

粉チーズ……適量

作り方

❶ブロッコリーの茎はかたい皮をむき、細切りにして水にさらす。水けをきって耐熱皿にのせ、ラップをかけて電子レンジで1分加熱する。

❷ボウルにAを入れて混ぜ、①、ハムを加えてあえる。器に盛り、粉チーズをかける。

冷凍室

「これなんだっけ？」の化石は作らない。同じ使い道のものは同じ場所にまとめます

いちばんいけないのは、何も考えずに買ったものや食べきれなかったものを突っ込むこと。これを繰り返すと食材が化石化して、結局捨てることになります。冷蔵室、野菜室以上に整理し、保存は長くても1か月くらいに。どんどん回転させてムダをなくしています。

上段のトレー

冷凍野菜やごはん、うどんなど

中段のトレー

冷凍食品や素材

うまみ食材

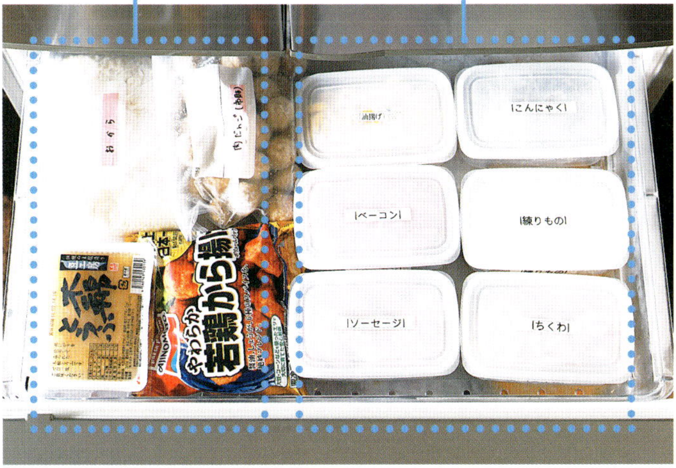

下段の冷凍スペース

下味冷凍

冷凍おかず

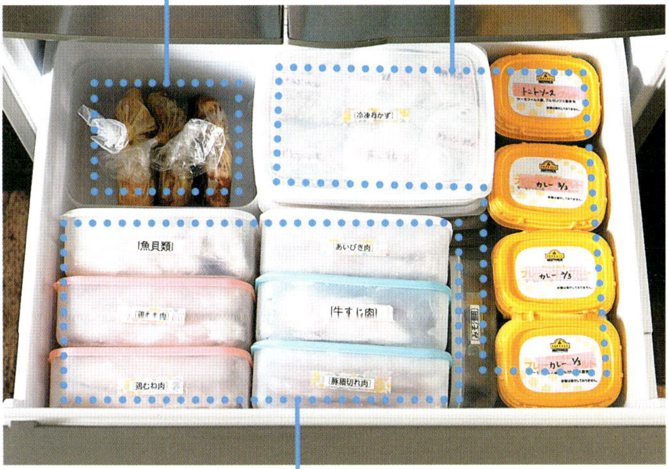

肉や魚介

ひと目で中身がわかる
ラベル管理で使いきりを徹底

肉や魚などのメイン食材は生の状態でラップに包み、種類ごとに容器に入れて保存。そのままだと容器が白く曇って中身がわからなくなるので、テープライターで側面にラベルを貼って目当てのものがすぐわかるようにしています。

テープ
ライター
⇒P.114

細かいものは上のトレーに見やすく並べて

肉魚以外の加工品も、使い残す前にすぐ冷凍。うまみ出しやかさ増しなど便利に使えます。これらは小さめの保存容器に入れて、ふたにラベルを貼り、行方不明防止。

保冷剤は数を決めて増やしません

大事な冷凍スペースを保冷剤で占領しないように、常備するのは4個くらいまでに。それ以上たまったら中身を出し、消臭剤として活用します。

まとめ買いした肉は使いやすい量に分けて冷凍

パックのまま冷凍すると一気に解凍して使いきらなくてはならず、多く作りがち。小分けにしておけば、必要なときに必要な分だけ使えてムダがありません。分量の目安は、使いやすい単位の100g。ポリ袋で手ばかりすれば小分けはあっという間。種類別にまとめると便利です。

手ばかりで OK！

300gの肉なら、トレーの中でだいたい3等分すればOK。ポリ袋でつかめば手も汚れません。

すぐ調理できる
肉の下味冷凍もおすすめ

肉や魚の使いきりに役立つのが、調味料をもみ込むだけの下味冷凍。凍ったままフライパンに入れ、ふたをして焼くだけなので、余分な調味料を使わず調理も簡単！　余っている野菜をいっしょに加えてもOK。冷凍野菜を使う場合は、肉を焼いたあとに加えて。

たとえばこんなものを

豚肉のしょうが漬け

豚こま切れ肉150g、めんつゆ（3倍濃縮）大さじ2、おろししょうが大さじ$\frac{1}{2}$を入れてもみ込みます。

鶏肉のマヨ漬け

鶏胸肉1枚はひと口大のそぎ切りにし、マヨネーズ、おろしにんにく・おろししょうが各小さじ1、塩・こしょう各少々でもみ込み。

豚肉のカレー漬け

豚こま切れ肉150g、めんつゆ（3倍濃縮）大さじ2、みりん大さじ1、カレー粉小さじ1をもみ込みます。好みでトマトケチャップを足しても。

野菜は生のまま冷凍して
おいしく使いきり!

野菜を生で冷凍なんてびっくりだけど、じつはとっても使える！　洗ってよく水けをきり、使いやすい大きさに切って保存袋へ。冷凍すると食感がしんなりしますが、炒めものや汁もの、煮ものなど加熱する料理に使えば気になりません。
冷凍で細胞が壊れるので、味がよくしみ込むのもポイント。すぐ使わないとき、使い残しそうなときにおすすめです！

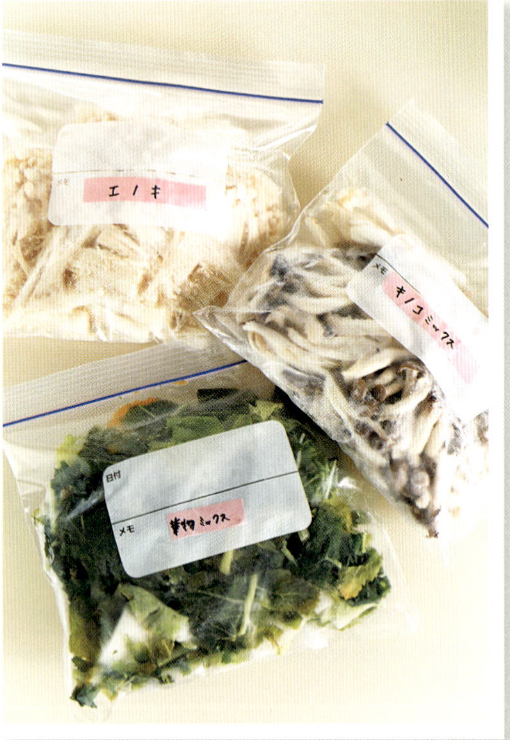

冷凍のまま
鍋にポン!

オリジナルミックス野菜で冷凍。使い残しもゼロに

生のまま冷凍野菜は、数種類ミックスしてもOK。ブロッコリー＋にんじん、しいたけ＋にんじん＋長ねぎなど、よく組み合わせる野菜をいっしょに保存袋に入れ、肉や魚と手軽に調理しています。使い残した半端野菜の消費にも役立ちますよ（詳しくはP.58～）。

野菜をダメにすることがなくなる!

おすすめ冷凍アイデア

肉や魚と同じように野菜も冷凍保存すれば、新鮮な状態のまま好きなときに使えてムダなし!
冷凍すると火の通りが早く、食感がしんなりするので加熱時間は短めでOKです。

にんじん

保存：細切り、薄切りなど使いやすい形に切って保存袋に入れる。
使い方：凍ったまま、炒めものや煮ものに投入。サッと火を通して酢のものにも。

玉ねぎ

保存：みじん切り、薄切り、くし形切りなど、使いやすい形に切って保存袋に入れる。
使い方：凍ったままハンバーグの肉だねに混ぜたり、ミートソースや炒めものに。くし形切りはカレーやシチューなどに。

ピーマン

保存：細切りや縦半分に切って保存袋に入れる。
使い方：凍ったまま炒めものに。半分に切ったものは、凍ったまま片栗粉をまぶし、肉だねを入れてトースターで焼けば、簡単肉詰めに。

小松菜

保存：3〜4cm長さに切って、保存袋に入れる。
使い方：凍ったまま炒めものに。電子レンジで解凍し、水けを絞ってナムルやおかかあえなどのあえものに。玉ねぎといっしょに炒めてミキサーにかけ、牛乳でのばしてスープに。

キャベツ

保存：1枚ずつはがしてざく切りにし、保存袋に入れる。
使い方：凍ったまま、炒めものやスープ、焼きそばなどの具に。

長ねぎ

保存：斜め薄切りや3〜4cm長さに切って保存袋に入れる。
使い方：凍ったまま親子丼やスープものに。3〜4cm長さのものは、煮ものや炒めものに。

にら

保存：3〜4cm長さに切って、保存袋に入れる。
使い方：凍ったまま炒めものに使うほか、にら玉、スープやみそ汁の具にも。

かぼちゃ

保存：ひと口大より少し大きめに切って保存袋に入れる。

使い方：凍ったまま肉やソーセージと炒めたり、煮ものに。また、電子レンジで加熱し、つぶしてコロッケやサラダにしても。

れんこん

保存：皮をむいて薄切りにし、酢水に入れて弱火でゆでる。ざるにあげてさまし、水けをきって保存袋に入れる。

使い方：凍ったまま煮もの、炒めもののほか、肉だねをはさんでれんこんバーグなどに。

ごぼう

保存：皮をこそげ落としてささがき、薄切りなど好みの形に切る。酢水につけて水けをきり、保存袋に入れる。

使い方：凍ったまま煮もの、炒めもの、炊き込みごはん、みそ汁の具などに。

長いも

保存：皮をむいてすりおろし、酢を数滴混ぜる。保存袋に入れ、平らにして冷凍。

使い方：凍ったまま手で割れるので、適量をお好み焼きやとろろ汁に使う。

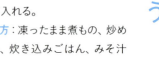

なす

保存：5mm厚さの斜め薄切りにしてオリーブ油で炒め、さましてから保存袋に入れる。

使い方：トマトといっしょに炒め煮にしたり、みそ炒めなどに。

きゅうり

保存：小口切りにして保存袋に入れる。

使い方：自然解凍し、水けを絞ってサラダに使うほか、酢のものや冷や汁にも重宝！

トマト

保存：丸ごと、くし形切りなどにして保存袋に入れる。

使い方：凍ったまますりおろし、トマトピューレ風にしたり、コンソメ煮やスープに。くし形切りは炒めものやパスタに。

オクラ

保存：板ずりしてからサッと湯通しし、ざるにあげる。さましてから保存袋に入れる。

使い方：自然解凍して好みの大きさに切り、あえものに。

グリーンアスパラガス

保存：斜め切りなど、使いやすい大きさに切って保存袋に入れる。
使い方：凍ったまま炒めものに加える。

ブロッコリー

保存：小房と芯に分けてかためにゆでる。冷水に取り、水けをきって保存袋に入れる。
使い方：凍ったままスープや炒めものに。サッと湯をかけて解凍し、あえものやサラダに。

パセリ

保存：よく洗って水けをきり、丸ごと保存袋に入れる。
使い方：凍ったまま、袋の上から手でもむと刻みパセリになる。スープやパスタ、グラタンのトッピングに。

もやし

保存：袋のまま、開封せずに冷凍する。
使い方：凍ったままゆでてあえものにしたり、みそ汁や炒めものの具に使う。

しいたけ

保存：軸を取り、かさの裏の汚れを軽く拭いて、いっしょに保存袋に入れる。または薄切り、四つ割りにしても。
使い方：凍ったまま煮ものに。薄切りは炒めものやパスタなどに。

しめじ

保存：根元を切り落としてほぐし、保存袋に入れる。
使い方：凍ったまま炒めものや煮ものに投入。パスタやスープの具などにも使える。

バナナ

保存：皮をむいて輪切りに。ラップに並べて包み、保存袋に入れる。
使い方：凍ったまま牛乳とともにミキサーにかけてスムージーにする。そのままおやつとして食べても。

レモン

保存：薄い輪切りにして金属のトレーに並べ、そのまま冷凍する。凍ったら取り出して、保存袋に移す（くっつきにくくなる）。
使い方：炒めものの仕上げや、紅茶などに。

よく使うものを組み合わせて

オリジナルミックス冷凍野菜のススメ

ミックスする野菜は多くても3種類くらい。和食、洋食、中華など、
それぞれのメニューで出番の多い組み合わせにしておくと、
使いきるイメージがわきます。

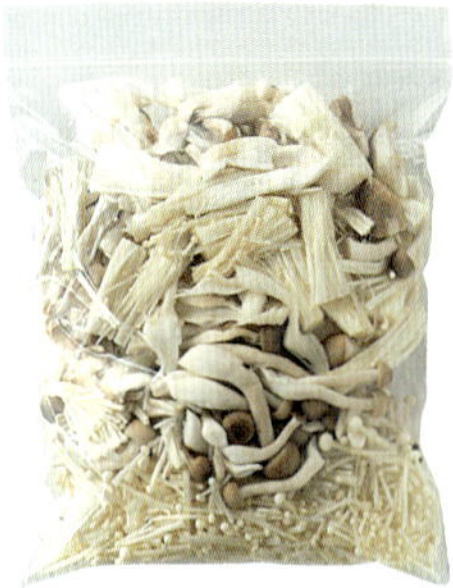

きのこミックス

保存：しめじ、えのきだけは根元を切り落とし、ほぐす。エリンギは適当な大きさに切って保存袋に入れる。

使い方：バター炒めやパスタ、みそ汁の具に。あんかけの具にして焼いた鶏肉にのせる。ミートソースを塗った食パンにピザ用チーズとともにのせて焼く。

ブロッコリー+にんじん

保存：ブロッコリーは小房に分け、茎はかたい皮を除いて拍子木切りにする。にんじんは小さめの乱切りにして保存袋に入れる。

使い方：シチューの具や、バターで炒めてつけ合わせに。コンソメスープで煮たり、炒めもの、温サラダに。

ごぼう＋にんじん

保存：ごぼう、にんじんとも細切りにして保存袋に入れる。
使い方：きんぴらごぼうのほか、ひじきを加えた煮つけ、豚汁の具、かき揚げなどに。

大根＋にんじん

保存：大根、にんじんとも細切りにして保存袋に入れる。
使い方：きんぴら風炒めもの、炊き込みごはんの具などに。

しいたけ＋にんじん＋長ねぎ

保存：しいたけは薄切り、長ねぎは斜め薄切り、にんじんは薄いいちょう切りにして保存袋へ。
使い方：ツナといっしょに炒めてしょうゆで味つけし、和風パスタに。うどんの具にも使える。

まいたけ＋にんじん＋長ねぎ

保存：まいたけは根元を切り落とし、ほぐす。にんじんは細切り、長ねぎは斜め薄切りにして保存袋に入れる。
使い方：そのまま炒め、焼き肉のたれで味つけ。キャベツを加えても。めんつゆで煮てとろみをつけ、温めた豆腐にかける。

おかずの冷凍は「おかず箱」を作ってラベルを貼る

お弁当に活用することも多いおかずの作りおきは、1〜2人分ずつラップで包んで保存容器にまとめています。おかず名は油性ペンでマスキングテープに書いてペタリ。定期的に覗くだけでおかずを見落としません。

ふだんのおかずは多めに作って取り分け

定番おかずは小分けで冷凍

常備菜や煮ものなど多めに作るときも、保存は1〜2人分単位。小分けにすることで食べすぎや、ムダな解凍が防げます。

お弁当カップに1食分ずつ小分けにしてトレーにのせ、急速冷凍。ラップをかけて保存しておくと、お弁当に使うときも便利です。

油分の多いカレーはヨーグルト容器で冷凍がおすすめ

逆さにして鍋に入れておくと、自然解凍でするっと取り出せ、色やニオイ移りもありません。ふたに在庫数を書いておくと残量も一目瞭然。カレーのほかミートソースにもおすすめです。

おやつ箱もあります☆

食べきれない洋菓子や和菓子は、おかずと同じようにラップに包み、密閉容器へ。食べるときは冷蔵室で自然解凍するだけ。賞味期限をすぎてもおいしく食べられます。

安く買った魚介類も
使いやすく冷凍しておく

魚介類は肉に比べて鮮度が落ちるのが早い！　すぐ食べる分以外は、早めに冷凍したほうが長く鮮度が保てます。水けと乾燥が大敵なので、トレーからはずし、ラップやホイルに包んでから冷凍室へ。おすすめはあさり。砂抜きして冷凍すれば、うまみ出し食材としていつでも使えます。

干もの

酸化しないようにアルミホイルで包んでから、保存袋に入れて。

ちりめんじゃこ

保存袋に入れて冷凍。

あさり

砂抜きして、水けをきって冷凍。

さば

切り身を1切れずつラップで包み、保存袋へ入れて冷凍。

鮭

切り身を1切れずつラップで包み、保存袋へ。焼いてほぐし、フレークにして冷凍することも。

うまみ食材は刻んで冷凍しておけばすぐ使える!

ベーコンやちくわ、油揚げなど油分のあるものは、入れるだけで料理にコクを加えてくれるお役立ち食材。ちょっと面倒でも切って冷凍しておけば、必要なときにすぐ鍋に入れられてとても便利です。

ベーコン
短冊状など、使いやすい大きさに切って冷凍。

油揚げ
短冊状など、使いやすい大きさに。みそ汁やおひたしにすぐ使える。

ソーセージ
斜め半分など、使いやすい大きさで冷凍。封を切る前ならパッケージのまま冷凍もOK。

ちくわ
すぐ使えるように斜め薄切りにして冷凍。かまぼこ、かに風味かまぼこも同様に冷凍できる。

冷凍NGの豆腐やこんにゃくも
じつは使い方次第でOK

豆腐はパックごと冷凍するとカチカチになりますが、解凍すると水分が抜けて高野豆腐のように変化。炒めものに使いやすくなります。ちぎったこんにゃくを塩もみして冷凍する「氷こんにゃく」は、歯ごたえがあって、食べるとまるでモツやスジ肉！どちらもメインおかずの食材として大活躍です。

こんなふうにアレンジします

豆腐は水の中に入れ、少し溶けたらパックから出してお湯をかけて解凍。
こんにゃくは自然解凍してます。水分が抜ける分、調味料がよくしみ込むので、
いつもより薄めの味つけでOKです。

冷凍こんにゃくで

冷凍豆腐で

なんちゃってモツ炒め

材料と作り方（2人分）

❶冷凍こんにゃく$\frac{1}{2}$枚は室温に3時間ほどおいて解凍し、薄いそぎ切りにする。ポリ袋に入れてみそ・砂糖・ごま油・オイスターソース各大さじ1、おろしにんにく小さじ1を加え、よくもみ込む。

❷フライパンにサラダ油大さじ1を熱し、せん切りにしたにんじん$\frac{1}{4}$本、薄切りの玉ねぎ$\frac{1}{4}$個を炒める。玉ねぎがしんなりしてきたら、ひと口大に切ったキャベツ3枚、①を漬け汁ごと加え、強火で炒める。

豆腐そぼろ丼

材料と作り方（2人分）

❶冷凍木綿豆腐1丁は水の中に入れ、少し溶けたらお湯をかけて解凍する。手でざっくりとほぐし、水けをよく絞る。乾燥芽ひじき大さじ1は水につけてもどす。

❷フライパンにサラダ油大さじ1を熱し、細切りにしたにんじん$\frac{1}{4}$本を炒める。火が通ってきたら豆腐を加え、フライ返しで崩しながらそぼろ状に炒める。

❸めんつゆ（3倍濃縮）大さじ2と$\frac{1}{2}$、砂糖小さじ1、ひじきを加えて汁けが少なくなるまで煮つめ、ごま油少々を加えて炒める。器にごはん適量を盛り、豆腐そぼろをのせる。あれば青ねぎの小口切りをのせる。

使い残しやすいこんなものもOK！

おもしろ冷凍アイデア

バター・チーズ・粉チーズ

バターは10ｇずつ切って。
チーズは粉チーズ、
ピザ用チーズは冷凍OK。
スライスチーズは不向き。

納豆

パックごと冷凍しても
状態はまったく変わらず。
自然解凍して使える。
付属のたれも冷凍OK。

焼きのり

付属の乾燥剤もいっしょに
保存袋に入れ、
空気を抜いて冷凍。

おから

50g、100gなど
使いやすい量に小分けして
ラップに包んで冷凍。
乾燥おからは常温保存でOK。

餃子の皮・春巻きの皮

余ったら、ラップでぴったり
包んで保存袋に入れて冷凍。
自然解凍でOK。

漬けもの

大根、白菜の漬けものはOK。
ただし食感が変わるので
加熱調理に使う。
きゅうり、なすはNG。

肉や魚、野菜以外にも、乾物、お菓子など冷凍できるものはたくさんあります。
使いきれるかどうか早めに判断して冷凍を活用すれば、節約効果大!

食べかけのポテトチップス

いったん封を開けたら、
保存袋に入れて冷凍。
湿気が防げてサクサクをキープ!

餅

保存袋に平らに入れて冷凍。
オーブントースターや
フライパンで凍ったまま焼く。

ホイップクリーム

浅く広めの密封容器に絞り出し、
ふたをして冷凍。
固まったら保存袋へ。
10分ほど常温において解凍。

大根おろし

製氷皿に入れて冷凍。
固まったら保存袋へ移して保存。
少量ずつ使えて便利。

大　福

1個ずつラップに包み保存袋へ。
凍ったままお椀に入れて
熱湯を注ぎ、
箸で崩すとおしるこに。

お茶・コーヒー

すぐに飲まない茶葉や
コーヒーは、空気を抜きながら
密封して冷凍。

第**2**章

買い方、使い方を見直して
ムダをとことんカット！

買いもののルール

冷蔵庫のムダがなくなったら、買いもののムダ減らしにも挑戦！ たとえば、使いきれない徳用サイズやドレッシングを買っていないか。安い食材をうまく使えているか。ペットボトルのお茶を考えずにカゴに入れていないか。ひとつひとつ検証すると、減らせるお金はいろいろあります。買いものの見直しは、まさにゲーム感覚。楽しみながら問題をクリアできますよ。

の5つのコツ

「〝ゼロストック〟がキホン」

冷蔵庫は食材のストックスペースではなく、一時置き場と考えているので余分なストックは買いません。ものがなければ、あるものでどうやって作ろうかと考えるし、ここにあるものしか使わないと決意できるもの。“貯め体質”を作るのは、『食材がなくても大丈夫』という自信です。

「クレジットカード払いで**特典を活用**する」

支払いはお店で発行するクレジットカード（1～2枚）に集約。ポイントを効率よく貯めて食費の足しにします。カード会員の特典を逃さず活用するためには、利用の案内を隅から隅までよく読み、お店のホームページもまめにチェックすることが大切！

真由美流・買いもの

「**はしごをせず**効率よく1店に集中。店の特徴をよく調べる」

行くのは、大手スーパー系列店に1店集中。店のはしごは時間とお金のムダなのでやりません。大手スーパー系はポイントが共通で貯められたり、PB商品の種類が豊富だったり、オトクがいっぱい。特売デーやポイントアップなど頻繁に開催しているので、それに合わせて買いもののタイミングを考えます。

「買いもの前に必ず**在庫**を見る」

買いものに行く前に冷蔵庫は必ず確認。在庫を調べたうえで献立を考え、スマホのメモアプリで作った買いものリストに入力。お店でもそれだけ見て、ほかの売り場や特売品はスルーします。安かったから買う、ではなく、必要だから買う、を徹底。

「**まとめ買い**する」

メインの買いものは10日に1回。割引とポイントがオトクな日に合わせてまとめ買いしています。買いものに行く頻度を以前より減らした分、使いきり計画は万全に。牛乳やヨーグルトなどの定番食材は消費サイクルも把握し、過不足なく買うようにしています。

常温の買いおきは置き場所を決めて、そこに置けるだけに

使いきりを徹底するのは、冷蔵庫外でも同じ。缶、びん、インスタントなどのストックも、あちこちに置くと管理できなくなるので、シンク下の最下段の引き出しと決めています。ここは、ボウルなどよく使う調理器具の横。必ず見る引き出しなので、イヤでも目に入ってくるしくみです。

乾物は
よく使うボウルや
鍋のそばに
ストック

100円のファイルスタンドに立ててしまっています。個包装されているものは、外箱や外袋から出したほうが見やすいです。

うちのレギュラー陣はこんな感じです

乾物

ひじき、切干大根、高野豆腐の3つは、
副菜作りに欠かせない常備品。ほか、麩、
春雨もよく買っています。

麺類

パスタは値段のわりに量が多く、
料理にも使いやすいので多めに
購入。開封したら口をとじ、保
存袋に入れて空気を抜いてでき
るだけ密封しています。

缶詰

素材系はトマトとコーン缶が定番。肉魚系はツナ、
さば、さんまの水煮や焼き鳥缶など、必ず使えそうな
ものに絞って買っています。

冷凍食品は特売の日を狙ってゲット

ラクしたい日やお弁当作りを休みたい日、野菜が高いときは、市販の冷凍食品に頼ります。ただし、買うのは特売日や割引デーだけ。とくに野菜の素材ものは、フレッシュなものを買うよりうんと安くなる場合もあるので見逃せません！

あると便利

魚はリーズナブルな缶詰や加工品で代用

魚ニソ
大好き！

生で買うなら鮭やさばなどの青魚など、旬の安いものに限定。それ以外は、ツナ缶やいわし缶、魚肉ソーセージなどの加工品でバリエーションをつけています。欠かせないのは魚肉ソーセージ。生でも食べられるし、炒めてもおいしい。日持ちもするので、常備しておくのにぴったり。

野菜は生にはこだわらない

野菜の価格はその年の気象によって大きく変わるので、高いと思ったら加工野菜売り場に直行！　いつもなら割高に思うカット野菜や冷凍野菜も、生が高騰しているときは逆に割安になることが多いんです。常時価格が安定している水煮野菜もおすすめ。加工野菜は切ったりゆでたりの下ごしらえがいらないから、調理にも便利です。

カット野菜

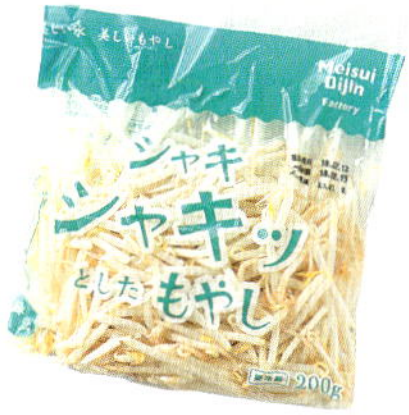

もやしやキャベツなど単品野菜のほか、野菜炒め用など何種類かミックスされているものもあります。

水煮

大豆やたけのこ、れんこん、里いもなど、下ごしらえが面倒な野菜も水煮で買うとラクチン。

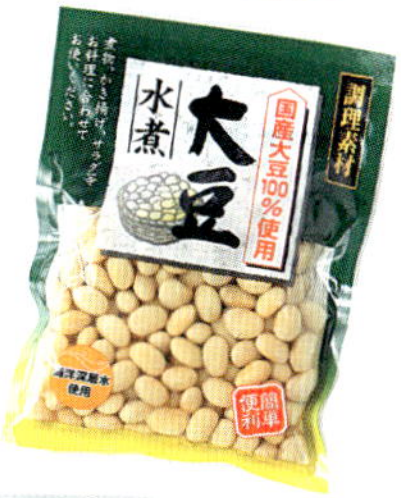

冷凍

ブロッコリー、ほうれん草、さやいんげん、コーンなど意外に種類が豊富。根菜ミックスなども便利です。

品数豊富でオトクなPBは積極的に取り入れる

メーカーにこだわりのないものは、基本的にスーパーのPB商品を選んでいます。それぞれナショナルブランドのメーカーが作っているので品質に間違いがないし、値段もちょっとお安い。こういう『チリツモ』を重ねることが、ひと月の食費でみると意外な差になるんですよ。

価格よりも単価をチェック!

コストの見定めは、価格より単価に注目しています。肉なら100gのグラム単価、豆腐3個パックなら1個あたりの単価をチェック。オトク度がイマイチだったら特売でも買いません。目立つ安さより、本当の意味で安いかどうかが大切!

多少割高でも小さいサイズを使いきる

価格だけなら大容量のほうが得に決まっていますが、使いきれなければ結局ソン。そこで消費ペースが遅いものは小さいサイズを選び、確実に使いきるようにしています。夫が好きな炭酸飲料も、飲み残しが多ければミニサイズに。そのほうが炭酸も抜けず、最後までおいしく飲めます。

ウチはこっち

上手にかさ増しできる白食材をとことん使い倒す

予算オーバーしそうなときは、肉や魚の量をちょっと減らし、別の食材を増量してコッソリ『かさ増し』しています。このとき役立つのが、下に挙げた白い食材。安くてどんな味つけにもなじみやすく、使い勝手バツグン！冷蔵庫に常備しておくと何かと使えます。

豆腐

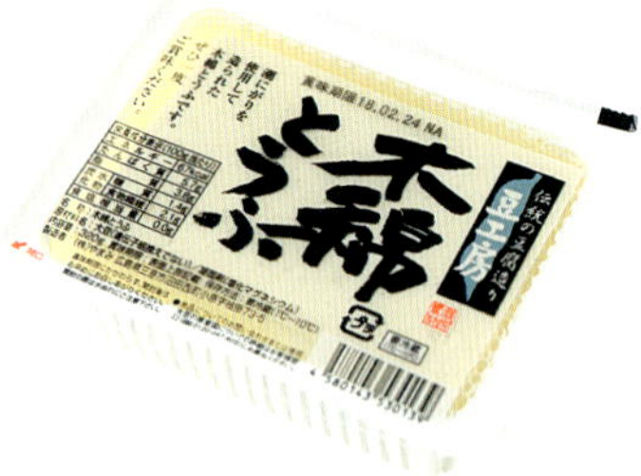

はんぺん

もやし

えのきだけ

使える白食材たち

おから

こんなふうにアレンジします

かさ増し食材の使い方は「混ぜる」「刻む」「つぶす」が基本。ひき肉に混ぜたり
はんぺんはつぶして肉だねに混ぜると、つなぎにもなって便利。

もやシュウマイ

材料と作り方（2人分）

❶もやし1袋は熱湯でサッとゆでてざるにあげ、洗って水けをしっかりきって細かく刻む。白菜2枚は芯を細切り、葉をざく切りにする。
❷ポリ袋に豚ひき肉100g、もやし、みじん切りの玉ねぎ$\frac{1}{4}$個、片栗粉大さじ2、塩・こしょう各少々、しょうゆ小さじ$\frac{1}{2}$を入れてよくこねる。
❸シュウマイの皮を並べ、②の袋の端を切って等分に絞り出し、形を整える。
❹フライパンに白菜を敷き、③を並べて水大さじ1をふる。ふたをして、弱めの中火で7分蒸す。

はんぺん肉だんご

材料と作り方（2人分）

❶ポリ袋に鶏ひき肉100g、はんぺん1枚、マヨネーズ小さじ1、片栗粉大さじ1を入れ、粘りが出るまでもみ混ぜる。
❷フライパンにごま油大さじ1を熱し、いったん火を止める。①をスプーンですくって形を整えながら並べ入れ、再び火をつけて焼く。
❸両面焼けたら薄切りの玉ねぎ$\frac{1}{2}$個を加えて炒める。めんつゆ（3倍濃縮）大さじ3、みりん大さじ2、片栗粉小さじ1を混ぜ合わせて加え、乱切りにしたピーマン1個を加えてサッと炒める。

使い勝手のいい「節約食材・神セブン」は買ってソンなし!

冷蔵庫に必ずあるのは、豆腐や厚揚げ、油揚げなどの大豆製品、ソーセージやちくわ、魚肉ソーセージなどの加工品、それに卵。この7つの食材は安くて使い道が多いうえに、冷凍もできて長持ち！　私のなかで最強の神食材です。これらを残さず使いきれるようになってから、食費がガクンと減りました。

神食材 arrange その1

厚揚げ

水きりいらずで炒めても崩れず、ボリュームを出すのも簡単。豆腐に似てるけど、もっと使いやすいんです。切ったあとペーパータオルで油分を拭き取ると味がよくからみます。

かさ増し照り焼きチキン

材料と作り方（2人分）

❶ポリ袋に8等分に切った鶏もも肉1枚、塩・こしょう各少々、片栗粉大さじ1を入れて振り混ぜる。厚揚げ小1枚は6等分に切り、ペーパータオルで油を拭く。

❷フライパンにサラダ油大さじ1を熱し、鶏肉を焼く。色が変わってきたら厚揚げを加えて炒める。めんつゆ（3倍濃縮）大さじ3、みりん大さじ2を加え、煮つめながら火を通す。

❸あればざく切りにした水菜適量を器に盛り、②をのせる。

1人分 99円

厚揚げ油淋鶏

材料と作り方（2人分）

❶厚揚げ小3枚はペーパータオルで油を拭き取り、2.5cm角に切ってポリ袋に入れる。めんつゆ（3倍濃縮）大さじ1を加え、口を閉じてよくなじませる。

❷フライパンにサラダ油大さじ5を熱し、①に片栗粉大さじ2をまぶして揚げ焼きにする。

❸器に太せん切りにしたレタス2枚を盛り、②をのせる。たれ（長ねぎのみじん切り$\frac{1}{4}$本分、ポン酢しょうゆ大さじ2、砂糖・ごま油各大さじ$\frac{1}{2}$）を合わせてかける。

1人分 73円

神食材 arrange その2

油揚げ

汁ものから炒めもの、煮もの、焼きものとあらゆる形で食べ尽くせます。
開封すると日持ちしないので、使ったあとは残りを刻んで冷凍。うまみ出しとして使っています。

簡単おつまみにも

油揚げとキムチのチーズ焼き

材料と作り方（2人分）

油揚げ2枚は4等分に切り、白菜キムチ40gは刻む。オーブントースターの天板にアルミホイルを敷き、サラダ油を薄く塗り、油揚げをのせる。キムチ、ピザ用チーズ10gを等分にのせて5分ほど焼く。あれば万能ねぎの小口切り適量をのせる。

1人分 29円

うまみをプラス！

3色野菜と油揚げのごまサラダ

材料と作り方（2人分）

❶大根$\frac{1}{5}$本、にんじん$\frac{1}{4}$本、きゅうり$\frac{1}{2}$本はせん切りにする。油揚げ小$\frac{1}{2}$枚は細切りにする。

❷耐熱皿ににんじん、油揚げをのせ、ラップをかけて電子レンジで30秒加熱する。

❸ボウルに白すりごま・砂糖各大さじ1、酢・しょうゆ各小さじ2を入れて混ぜ、大根、きゅうり、②を加えてあえる。

1人分 25円

神食材 arrange その3

豆腐

みそ汁や冷ややっこだけでなく、つぶしてソースにしたり、焼いてメインおかずにしたり、意外といろいろな食べ方があります。冷凍するなら木綿豆腐がおすすめ。

梅だれ豆腐ステーキ

材料と作り方（2人分）

❶木綿豆腐1丁はペーパータオルに包んで水けを拭き、縦4等分に切って小麦粉大さじ3をまぶす。

❷フライパンにサラダ油大さじ1を熱し、①を両面こんがり焼いて器に盛る。

❸ボウルに種を取った梅干し2個、めんつゆ（3倍濃縮）大さじ2、みりん大さじ1を入れ、梅干しをつぶしながら混ぜて②に添える。

1人分 29円

貝割れ菜のサラダ 豆腐ソースがけ

材料と作り方（2人分）

❶ボウルに絹ごし豆腐50g、マヨネーズ大さじ1を入れ、なめらかになるまで混ぜる。

❷貝割れ菜1パックは根元を落とし、きゅうり$\frac{1}{2}$本はせん切りにする。ボウルに入れて混ぜ、器に盛る。へたを取って半分に切ったミニトマト3個を添え、①のソースをかける。

1人分 26円

神食材 arrange その4

卵

彩りと栄養もカバーしてくれる万能食材。食卓が地味になりそうなときはオープンオムレツ、ねぎ玉焼きなど卵をたくさん使って大きなおかずを作るもよし。食卓が華やかになります。

軽食代わりにも

ねぎ玉焼き

材料と作り方（2人分）

❶ボウルに卵4個を割りほぐし、5㎜幅の輪切りにした魚肉ソーセージ2本、小口切りの万能ねぎ3本を加えて混ぜる。

❷フライパンにサラダ油小さじ1を熱し、①の1/2量を流し入れる。ふたをして両面に焼き色をつける。

❸残りも同様に作って器に盛り、ソース、青のり粉各適量をかける。

1人分 68円

フライパンでドン!

フライパンオムレツ

材料と作り方（2人分）

❶ブロッコリー1/3株は小房に分け、耐熱皿にのせて水大さじ1をふり、ラップをかけて電子レンジで1分加熱する。トマト1/2個は小さめの乱切りにする。

❷ボウルに卵2個を割りほぐし、塩・こしょう各少々、顆粒コンソメ小さじ1/2を加えて混ぜる。

❸フライパンにオリーブ油大さじ1を熱し、②を流し入れて大きく混ぜる。①をのせ、ふたをして弱火で10分ほど焼く。

1人分 32円

神食材 arrange その5

ソーセージ

ソーセージは豚肉の加工品。塩けとうまみのある肉と考えれば、いろいろな使い方があります。
焼いたり炒めたりはもちろん、スープに入れればおいしいだしも取れるし、何かと大活躍！

かぶとソーセージのスープ

材料と作り方（2人分）

鍋に水2カップ、ひと口大に切ったかぶ2個を入れて火にかけ、煮立ったら斜め1cm幅に切ったソーセージ2本、顆粒コンソメ小さじ2を加えて5分ほど煮る。仕上げにこしょう・乾燥パセリ各少々をふる。

1人分 39円

大根とソーセージのポン酢炒め

材料と作り方（2人分）

❶大根$\frac{1}{4}$本は薄いいちょう切りにして、耐熱皿にのせる。ラップをかけて電子レンジで2分加熱する。ソーセージ6本は斜め切りにする。

❷フライパンにサラダ油大さじ1を熱し、①を炒める。水・ポン酢しょうゆ各大さじ1、砂糖小さじ1を混ぜ合わせて加え、調味する。

❸器に盛り、あれば万能ねぎの小口切り適量をのせる。

1人分 49円

神食材
arrange
その6

魚肉ソーセージ

生でも食べられるおいしさと、手軽に肉や魚がわりに使える点で欠かせません。
彩りも日持ちもよし！　味つけいらずなので、料理が苦手な人にはうってつけです。

魚肉ソーセージの串揚げ

材料と作り方（2人分）

❶魚肉ソーセージ2本は6等分に切る。竹串に魚肉ソーセージ1切れ、うずらの卵1個、魚肉ソーセージ1切れの順に刺す。計6本作る。

❷ボウルに小麦粉大さじ4、マヨネーズ大さじ1、水大さじ2、塩・こしょう各少々を入れて混ぜ、①をくぐらせてパン粉適量をまぶす。

❸フライパンにサラダ油を高さ2cmほど入れて熱し、②を揚げ焼きにする。

1人分
95円

魚ニソ餃子

材料と作り方（2人分）

❶ポリ袋に魚肉ソーセージ1本をちぎって入れ、袋の上から押しつぶす。みじん切りにした玉ねぎ$\frac{1}{4}$個、マヨネーズ小さじ1、片栗粉大さじ1を加えてもみ混ぜ、餃子の皮12枚に等分にのせて包む。

❷フライパンにサラダ油大さじ1を中火で熱し、①を並べる。1分ほど焼いて水$\frac{1}{3}$カップを加え、ふたをする。水分が少なくなったらふたを取り、水分をとばす。

1人分
45円

神食材 arrange その7

ちくわ

うまみが多いので、具材と味出しが同時にできます。これもそのまま食べられるものなので、調理が簡単。炒めものから煮もの、焼きものとオールマイティに活躍します。

ちくわポテサラ

材料と作り方（2人分）

じゃがいも2個はひと口大に切って耐熱ボウルに入れ、ラップをかけて電子レンジで4分30秒加熱する。熱いうちにめん棒でつぶし、小口切りにした青ねぎ$\frac{1}{3}$本、小さく刻んだちくわ1本、マヨネーズ大さじ2、キムチの素大さじ$\frac{1}{2}$を加えてあえる。

1人分 25円

ちくわじゃが

材料と作り方（2人分）

❶じゃがいも3個、にんじん$\frac{1}{2}$本は乱切りにする。玉ねぎ$\frac{1}{2}$個は薄切りにし、じゃがいも、にんじんとともに耐熱容器に入れ、ラップをかけて電子レンジで4分加熱する。

❷鍋にごま油小さじ2を熱し、①を炒める。油がまわったら乱切りにしたちくわ3本、めんつゆ（3倍濃縮）$\frac{1}{4}$カップ、水$\frac{1}{2}$カップ、手で折った冷凍さやいんげん2本を加え、ふたをして5分ほど煮る。野菜がやわらかくなったら火を止め、余熱で火を通す。

1人分 60円

高い食材や調味料は
買わずに代用を考える

買っても使いきれない中華系やアジア系調味料、わが家の食費予算では手が出ないあわび。じつはどれも家にあるもので簡単に作れるんです。もちろん本物とは違う“なんちゃって”ですが、雰囲気や近い味を楽しむぶんには十分。さりげなく食卓に出して、夫をびっくりさせるのが私のひそかな楽しみでもあるんです。

練り梅は
梅干しをフォークで押すように**つぶせば**OK。

ポン酢は
めんつゆ＋酢で代用できる。
めんつゆ（3倍濃縮）3：酢1

にんにくしょうゆは、皮をむいた**にんにく＋しょうゆ**で作れる。
にんにく3片・しょうゆ1/4カップ

タバスコ®は
酢＋一味唐辛子＋塩で似た味に。
酢大さじ1・一味唐辛子小さじ1/2・塩少々

にんにくみそは
おろしにんにく＋みそ＋砂糖を混ぜるだけで作れる。
おろしにんにく15g・みそ30g・砂糖10g

豆板醤は
みそ＋一味唐辛子＋ごま油で作れる。
みそ大さじ1・一味唐辛子小さじ1・ごま油小さじ1/2

バルサミコ酢は
酢＋ウスターソースで近づける。
酢1：ウスターソース1

ラー油は
ごま油＋サラダ油＋一味唐辛子で作れる。
ごま油2：サラダ油1：一味唐辛子1

ピーナッツバターは、**きな粉＋砂糖＋塩＋マーガリン**でそれ風に。

マーガリン30g・
きな粉、砂糖各15g・塩少々

カッテージチーズは**酢**（またはパイン缶詰の汁）**＋牛乳**で作れる。

鍋に酢1カップを入れて火にかけ、牛乳2カップを少しずつ加える。混ぜずに5分ほど煮て、牛乳が分離し始めたらふきんで漉して水けを絞る。

クリームチーズは**プレーンヨーグルト＋塩**で作れる。

プレーンヨーグルト400g・
塩小さじ$\frac{1}{3}$（3時間以上水きり）

てんぷら粉は**小麦粉＋片栗粉**で代用できる。

小麦粉5:片栗粉1

コチュジャンは**みそ＋しょうゆ＋一味唐辛子＋砂糖＋ごま油**で作れる。

みそ30g・砂糖20g・ごま油大さじ1・
しょうゆ小さじ1・一味唐辛子小さじ$\frac{1}{4}$～

いちごオーレは**牛乳＋いちごジャム**を混ぜてシェイク!

牛乳1カップ・
いちごジャム大さじ1

ごまめは**だしを取ったあとのにぼし**で代用できる。

甜麺醤は**みそ＋しょうゆ＋砂糖＋ごま油**で代用できる。

みそ30g・砂糖20g・
しょうゆ、ごま油各大さじ1

ナンプラーは**薄口しょうゆ＋オイスターソース**で代用。

薄口しょうゆ大さじ1・
オイスターソース小さじ$\frac{1}{2}$

あわびは、**エリンギ**の長さを半分に切り、かさの上部の丸みを切り落として四角くし、薄く切って湯通ししたら見た目そっくり!

生クリームの風味は**牛乳＋溶かしバター**で再現。
ホイップクリームにはならないけど、パスタ料理などに使える。

肉や魚はまとめ買いして使いやすいように下味をつけて冷凍

鶏肉、合いびき肉、豚こま切れ肉、鮭は安いタイミングを逃さずオトクに購入。すぐ使わない分は、調味料をもみ込んで下味つきで保存しています。すると、味が入りやすくなって調理もスピーディ！　ラクに使いきれて時短もかなう、スーパー節約術です。

豚肉200gで 韓国風スタミナ漬け

下味アイデア

豚こま切れ肉200g、コチュジャン大さじ2、酒大さじ1、しょうゆ・ごま油各小さじ1、にんにく（せん切り）1片、しょうが（せん切り）1かけを保存袋に入れ、なじませる。

調理のヒント

- キャベツ、ピーマンと炒めてホイコーロー風に。
- 長いもと炒める。
- なす＋水溶き片栗粉でマーボー風に。

塩だれ漬け

豚こま切れ肉200g、にんにく（せん切り）1片、万能ねぎ（小口切り）1本、酒大さじ2、塩小さじ1/3、こしょう少々を保存袋に入れ、なじませる。

調理のヒント
- 野菜と炒めて塩焼きそばに。
- 野菜＋水溶き片栗粉で八宝菜風。ごはんにのせて丼にしても。

しょうが漬け

豚こま切れ肉200g、玉ねぎ（薄切り）1/4個、しょうが（せん切り）1かけ、しょうゆ・みりん・酒各大さじ1を保存袋に入れ、なじませる。

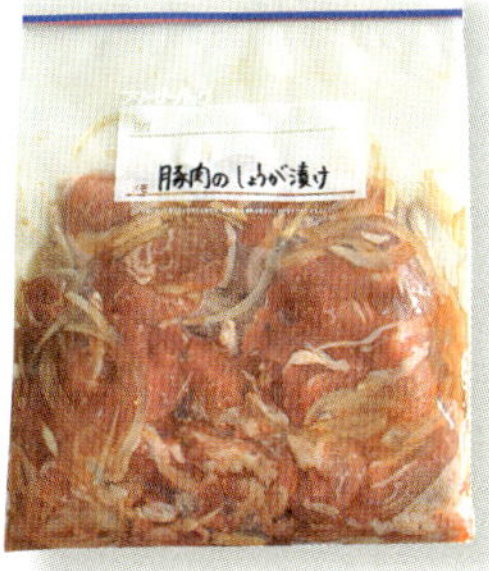

調理のヒント
- そのまま炒めてしょうが焼きに。お弁当のおかずにも重宝。
- 炒めてゆでうどんをからめても。

みそ漬け

豚こま切れ肉200g、みそ・酒・はちみつ各大さじ1、しょうゆ小さじ2を保存袋に入れ、なじませる。

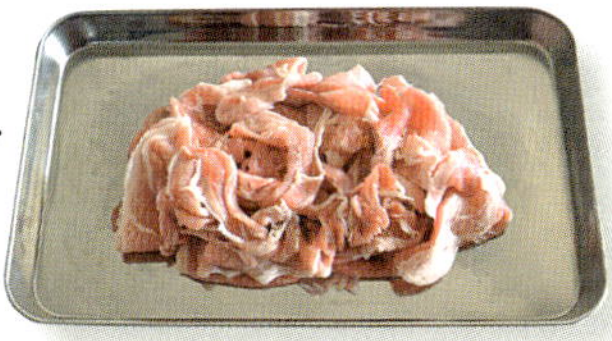

調理のヒント
- 焼いてパンにはさむ。マヨネーズとも合う。
- パン粉をまぶして揚げる。

下味アイデア

鶏肉1枚で ガーリック漬け

鶏もも肉1枚はひと口大に切って保存袋に入れる。にんにく（せん切り）1片、酒大さじ1、オリーブ油小さじ1、塩小さじ$\frac{1}{3}$、こしょう少々を加えてなじませる。

調理のヒント

- 玉ねぎ、パプリカといっしょに蒸し焼きに。
- 片栗粉をまぶして、から揚げに。
- そのまま焼いてステーキ風に。

塩麹漬け

鶏胸肉1枚はひと口大に切って砂糖小さじ1をすり込み、保存袋に入れる。塩麹大さじ1、はちみつ大さじ½を加えてなじませる。

調理のヒント

- 片栗粉をまぶして、から揚げに。
- 長ねぎといっしょに焼いて、焼き鳥風に。

おろし玉ねぎ漬け

鶏胸肉1枚はひと口大に切って砂糖小さじ1をすり込み、保存袋に入れる。玉ねぎ（すりおろし）½個、にんにく（せん切り）1片、しょうゆ・酒各大さじ1を加えてなじませる。

調理のヒント

- 好みの野菜といっしょに煮込む。
- ゆでてカレールウで味つけする。

カレーみそ漬け

鶏もも肉1枚はひと口大に切り、保存袋に入れる。みそ・酒・みりん各大さじ1、カレー粉小さじ½、こしょう少々を加えてなじませる。

調理のヒント

- 薄切りのなすと炒める。
- 好みの野菜と炒める。お弁当おかずにも！

下味アイデア

合いびき肉150gで
マーボー漬け

合いびき肉150g、長ねぎ（みじん切り）$\frac{1}{3}$本、しょうが（みじん切り）1かけ、しょうゆ大さじ2、みそ大さじ1、鶏ガラスープの素小さじ1、豆板醤小さじ$\frac{1}{2}$を保存袋に入れ、なじませる。

調理のヒント

- 野菜といっしょに炒めて
  マーボーおかずに。
- 豆腐と合わせて
  マーボー豆腐に。
- 春雨を加えて
  ピリ辛スープに。

ミートソース漬け

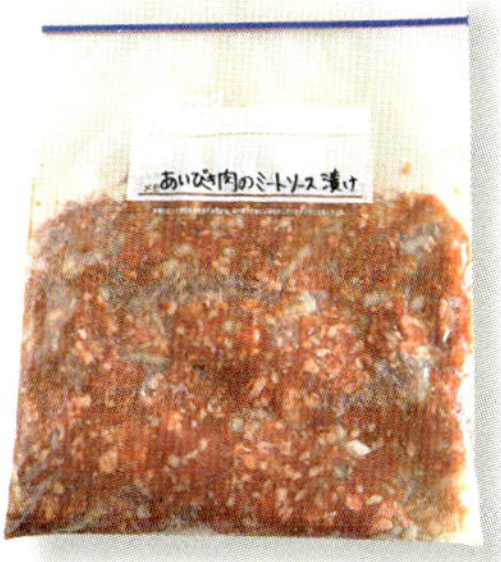

合いびき肉150g、玉ねぎ（みじん切り）1/2個、ケチャップ大さじ3、ウスターソース大さじ1、おろしにんにく小さじ1、顆粒コンソメ小さじ1をファスナーつき保存袋に入れ、なじませる。

調理のヒント

- 温めて、ミートソースパスタに。
- ごはんにのせて、タコライス風にも。

カレー漬け

合いびき肉150g、玉ねぎ（薄切り）1/4個、にんじん（薄いいちょう切り）1/3本、にんにく（みじん切り）1片、しょうが（みじん切り）1かけ、しょうゆ大さじ1、カレー粉小さじ2を保存袋に入れ、なじませる。

調理のヒント

- だし汁で溶き、カレーうどんに。
- ごはんを炒めてカレー漬けを加え、ドライカレーに。

和風漬け

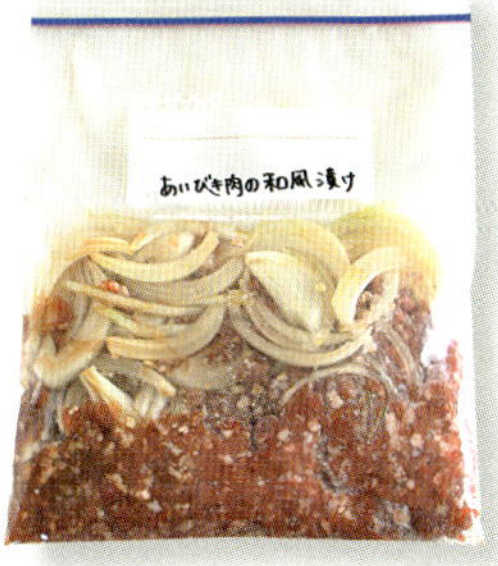

合いびき肉150g、玉ねぎ（薄切り）1/4個、しょうが（みじん切り）1かけ、しょうゆ大さじ3、酒・みりん各大さじ1、塩・こしょう各少々を保存袋に入れ、なじませる。

調理のヒント

- ごはんといっしょに炒めて、チャーハンに。
- 大根といっしょに炒めて和風あんかけに。

下味アイデア

魚の切り身2切れで
鮭のみそマヨ漬け

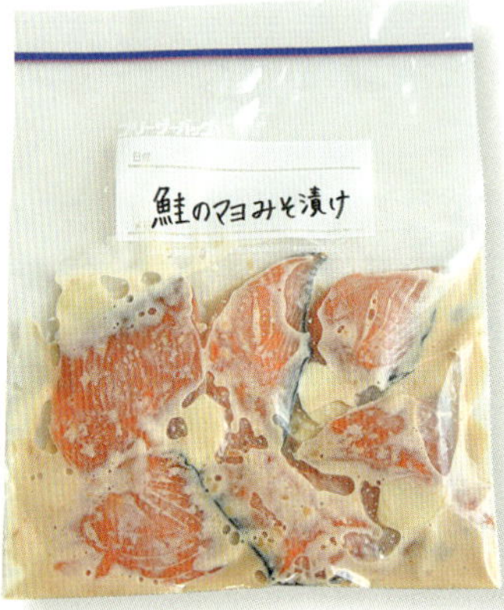

鮭2切れは食べやすい大きさに切り、保存袋に入れる。にんにく（薄切り）1片、マヨネーズ・みそ・酒各大さじ1を加えてなじませる。

調理のヒント

- 長ねぎ、しめじ、ピーマンと炒めて野菜もたっぷり摂取。
- 薄切りにしたじゃがいもにのせて、オーブンで焼く。
- ミックスベジタブルと合わせて、レンジで蒸す。

鮭のレモンしょうゆ漬け

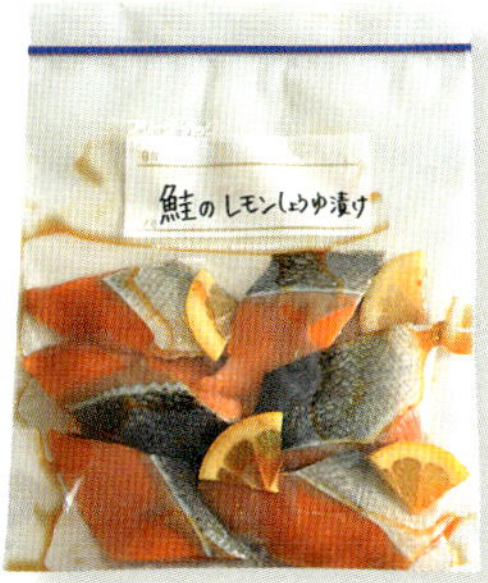

鮭2切れは食べやすい大きさに切り、保存袋に入れる。レモン（いちょう切り）輪切り2枚分、しょうゆ小さじ2を加えてなじませる。

調理のヒント

- 野菜といっしょに炒め、パスタにからめる。
- 小麦粉をまぶしてバターで焼き、ムニエルに。

さばのみそ漬け

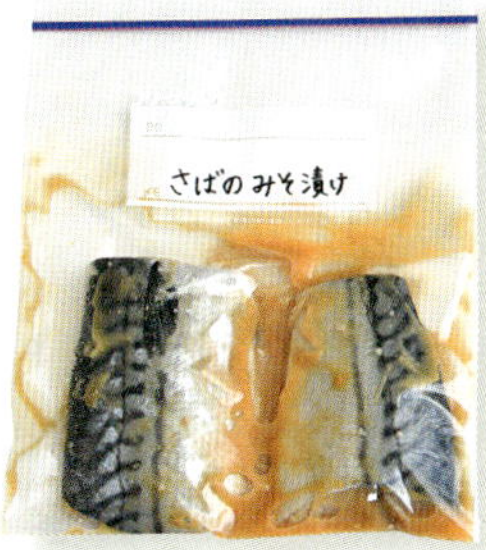

さば2切れ、しょうが（せん切り）1かけ、みそ・酒各大さじ1を保存袋に入れ、なじませる。

調理のヒント

- レンチンして、即席さばのみそ煮風に。
- ひと口大に切って、チーズをのせて焼く。

さばのオイスター漬け

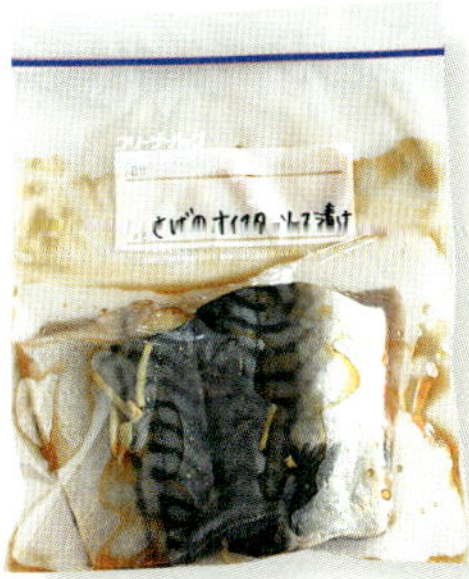

さば2切れ、しょうが（せん切り）1かけ、オイスターソース大さじ1、酒・めんつゆ（3倍濃縮）各大さじ1を保存袋に入れ、なじませる。

調理のヒント

- レンチンして、オイスター煮に。
- 片栗粉をまぶして揚げれば、竜田揚げに。

お茶やドレッシングは極力自家製で済ませる

食費6万円時代は当たり前のように買って、使いきれず捨てる…そんなパターンが多かったドレッシングやたれ。今は食べる分だけ作ったほうが断然安くておいしいとわかったから、面倒がらず手作りしています。麦茶もそう。ペットボトルも安いけれど、手間を惜しまず作れば超ローコスト。買わずにやってみようと思うことが、貯まる家計の第一歩です。

簡単！ ドレッシングと合わせだれ

特別な調味料も料理の腕もいりません。ただ混ぜるだけで完成！
保存料が入っていないので、使う直前に必要な分だけ作るようにします。作りすぎに注意！

合わせだれ ※材料はすべて2人分です。

みそだれ

【材料】
みそ・オイスターソース各大さじ1、砂糖大さじ1、酒大さじ2

【こんな料理に】肉、魚な炒めもの、煮もの、焼きものの味つけ、下味に。

おろしだれ

【材料】
玉ねぎすりおろし$\frac{1}{4}$個、砂糖小さじ$\frac{1}{2}$、しょうゆ大さじ2、酒大さじ1、オリーブ油小さじ1

【こんな料理に】肉、魚な炒めもの、煮もの、焼きものの味つけ、下味に。

ねぎ塩だれ

【材料】
長ねぎみじん切り大さじ2、おろししょうが小さじ1、塩小さじ$\frac{1}{3}$、鶏がらスープの素大さじ1、ごま油大さじ2

【こんな料理に】焼き肉、冷ややっこ、あえもの鶏肉料理の味つけに。

ドレッシング ※材料はすべて2～3人分です。

ごまドレッシング

【材料】
すりごま大さじ1、酢大さじ3、しょうゆ大さじ1、砂糖小さじ2、ごま油小さじ1

【こんな料理に】サラダ、青菜のゆでもの、ゆで鶏、豚しゃぶのたれがわりに。

中華ドレッシング

【材料】
酢大さじ3、砂糖大さじ1、しょうゆ大さじ1、ごま油小さじ2

【こんな料理に】わかめサラダ、そうめん、つけ麺のたれ、冷ややっこ、ゆで鶏にかけて。

ジャムドレッシング

【材料】
マーマレード大さじ3と$\frac{1}{2}$、酢大さじ3、塩・こしょう各少々、オリーブ油小さじ2

【こんな料理に】にんじんサラダ、炒めもの、肉料理の味つけなど。

まだまだあります!
真由美の節約小ワザ集

ここからご紹介するのは、お金が貯まるプチ習慣。いつもの考え方や行動をちょっと変えるだけで、いつのまにか“チリツモ貯金”ができちゃいます。

1 白いごはんががっつりすすむ**ごはんの供**はつねにストックしています

食費を抑えても物足りなく感じさせない秘訣。それは、白いごはんをおいしく食べることなんです。そのために欠かせないのがごはんのお供。梅干しやふりかけなど3～4種類くらい用意しておけば、食卓がにぎやかになってお腹もいっぱいに！

2 一汁二菜など 献立のパターンを決めて おかずの作りすぎを防止

定番食材でラクに献立を組み立てるため、献立の『型』を決めています。たとえば晩ごはんは一汁二菜、週末は在庫整理デーなどざっくりしたものですが、ルールがあると作りすぎや使いすぎ、使い残しも防げます！　月曜日は豚肉おかず、水曜日は魚おかずなど食材ぎりで決めるのもおすすめです。

献立のパターンは…

朝…ごはんまたはパンと汁もの。常備菜やサラダをつける場合も。

昼…夫はお弁当。自分の分はお弁当のおかずでワンプレートスタイルに。

夜…一汁二菜の定食スタイル。

ちなみに この日の夕食は

- 豆腐チャンプルー
- 豚肉とミニトマトの中華風マリネ
- 塩麹の卵スープ

です！

3

調味料節約と時短になる**みそ玉**は常備しておくと超便利!

食材が半端に残ったら、だし入りみそに混ぜて「みそ玉」作り。1杯分ずつラップに包んで冷凍するとすぐみそ汁が作れるし、お弁当に添えても。鍋を使わないので洗いものも減らせます。入れる具は加熱しないものがおすすめ。

ちくわ＋のり

材料と作り方（5個分）

みそ（だし入り）大さじ3、刻んだちくわ1本を混ぜ、5等分してラップにのせる。細かくちぎった焼きのり$\frac{1}{2}$枚を等分にのせて包む。

とろろ昆布＋万能ねぎ

材料と作り方（5個分）

みそ（だし入り）大さじ3、小口切りにした万能ねぎ1本を混ぜ、5等分してラップにのせる。とろろ昆布5gを等分にのせて包む。

切干大根＋すりごま

材料と作り方（5個分）

みそ（だし入り）大さじ3、キッチンばさみで切った切干大根5g、白すりごま大さじ1を混ぜ、5等分してラップに包む。

三つ葉＋かまぼこ

材料と作り方（5個分）

みそ（だし入り）大さじ3、小さく切ったかまぼこ30g、三つ葉5本の茎の部分を刻んで混ぜ、5等分してラップにのせる。三つ葉の葉を等分にのせて包む。

4 調味料は**計量スプーン**を きちんと使えば ムダ使いせず味が決まります

調味料は隠れムダが多い！ 味の調整をしているうちに、余計な調味料をどんどん使ってしまうんです。これを防ぐのに役立つのが、計量スプーンと計量カップ。きちんとはかれば一度で味が決まるので、調味料も時間もムダ使いしません。

5 汁ものは食べる分だけ作ります。 **お椀で計量**すれば簡単！

みそ汁を多く作りすぎてよく捨てていたので、お椀で水を計量し、みそも具も必要な分だけ入れるようにしています。ちなみに汁ものは1人分¾カップが目安。お椀8分目くらいの水の量でちょうどいいです。

賞味期限と消費期限の違いを知って正しく使いきります

6

賞味期限は風味の基準。必ず消費しなければいけない消費期限とは違うので、期限が過ぎてもすぐに捨てません。私のルールは、未開封なら賞味期限＋1か月以内、開封済みならニオイなど状態を確認して判断。ただし、期限が過ぎたら優先順位を早め、1日でも早く使いきるようにします。

おいしく食べられる
期限の目安

この日までに
消費すること!

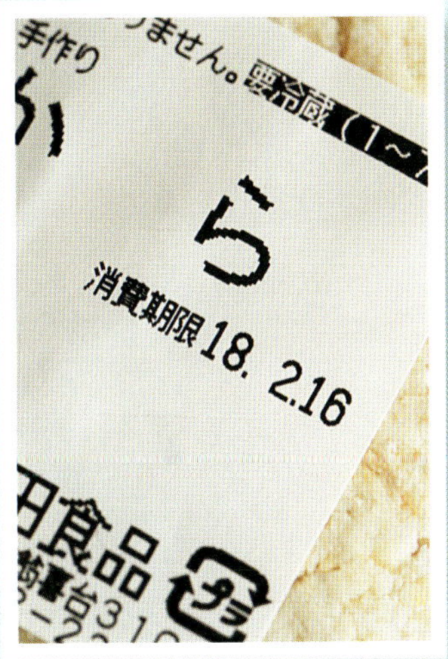

食材管理は**スマホアプリ**をフル活用しています

7

献立ノート（P.108）は手書き派ですが、食材は無料のアプリでデジタル管理しています。アプリのいいところは、冷蔵庫を開けずに中身がわかること。外出先でも中身が確認でき、自分の使いやすいようにリスト化にすることも。冷蔵庫の『見える化』が簡単にできて、使い始めると意外とハマります。

たとえばこのアプリ!
「かうサポ」

いろいろ試した結果、'18年現在でいちばん使い勝手がいいのが『かうサポ』。今のところiPhone、iPadのみ対応ですが、在庫、賞味期限、買い物リストが一括管理でき、入力の手間もかかりません。

① 商品のバーコードをスキャン

スキャンすると商品画像と情報が出てきます（ないものは自分で撮影して画像登録することも可能）。

② 数量などを入力

冷蔵、冷凍などの分類と個数をセレクト。賞味期限があるものは、通知のタイミングも設定できます。買った店や価格を入力すれば底値チェックにも便利。

③ 冷蔵庫の在庫リストが見られる!

買ったものリスト、期限順、在庫数などが一覧で見られます。買いものをするときにこれを見れば、何がどのくらいあるか確認できるので買いすぎることがありません。

使いこなせば、使い残しもなくなります!

入力は最初面倒かな？　と思ったけれど、やってみると案外苦にならないもの。最低限、商品と在庫数がわかると献立が考えやすくなり、買いものにも反映できるようになります。

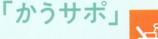

8 献立ノートをつけて買いもの→食材使いきりを徹底します

食べたいものと使いきりたいもの。このせめぎ合いで悩む人もいると思いますが、食費のムダを省くには使いきりが優先。つまり、在庫からメニューを決めるのがいちばん効果的です。私は献立ノートという形で1週間分まとめて考えていますが、3日分だけでもいいし、メインおかずだけ決めても。この流れができると、買いものは『足りない分だけ買い足す』という意識になり、上手に使いきれるようになりますよ。

用意するのは
これだけ!

ペン・蛍光ペン

書いて消せるボールペン、3色フリクションで記入。注釈は青字、リメイクは赤字、蛍光ペンは買いもの分チェックに使用。

ノート

マス目の大きさや数が自由に作れる、大学ノートがおすすめ。

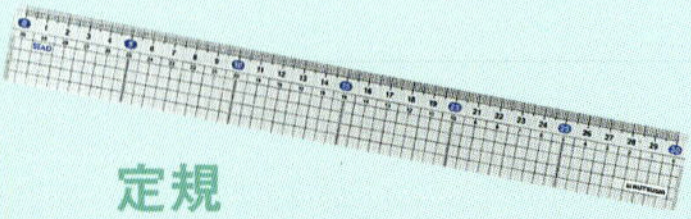

大きめふせん

メニューを組み立てるときの下書きはふせんに。決まったらノートに清書。

定規

ノートの横罫を一気に引ける長いものがあると便利。

献立ノートの流れ

①

在庫をチェック!

「かうサポ」(P.106) の在庫リストを見ますが、入力もれもあるので冷蔵庫とストックをチェック。ざっくり目を通します。

②

アプリで特売情報をリサーチ

「トクバイ」やよく行くスーパーのアプリでお得情報やクーポンをチェックし、買うものを確認。

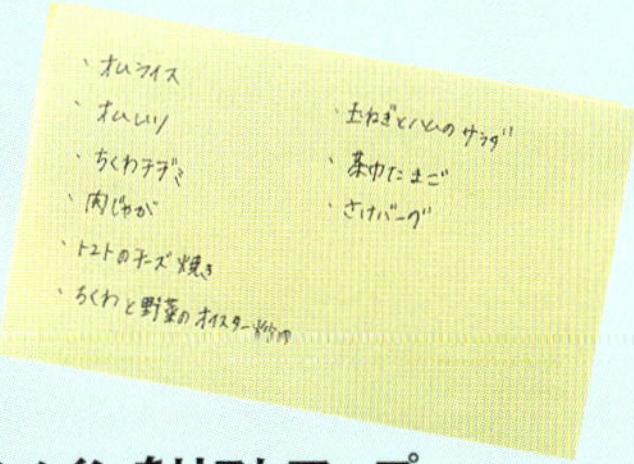

③

1週間分のメインをリストアップ

在庫と特売情報から、その週に作りたいメインおかずをリストアップ。在庫消費優先ですが、できるだけ家族の好みも反映するようにします。

④

各曜日の献立に振り分ける

日持ちしない食材を使う料理、作りおきできる料理を週頭に。週半ばはストック食材や期限切れが近いもの、週末は在庫一掃デーに。

⑤

買いものリストを作る

スマホのTodoアプリを買いものメモがわりに使い、必要なものを入力。お店ではここだけ見て、余分なものまで買わないようにします。

献立ノートのつけ方

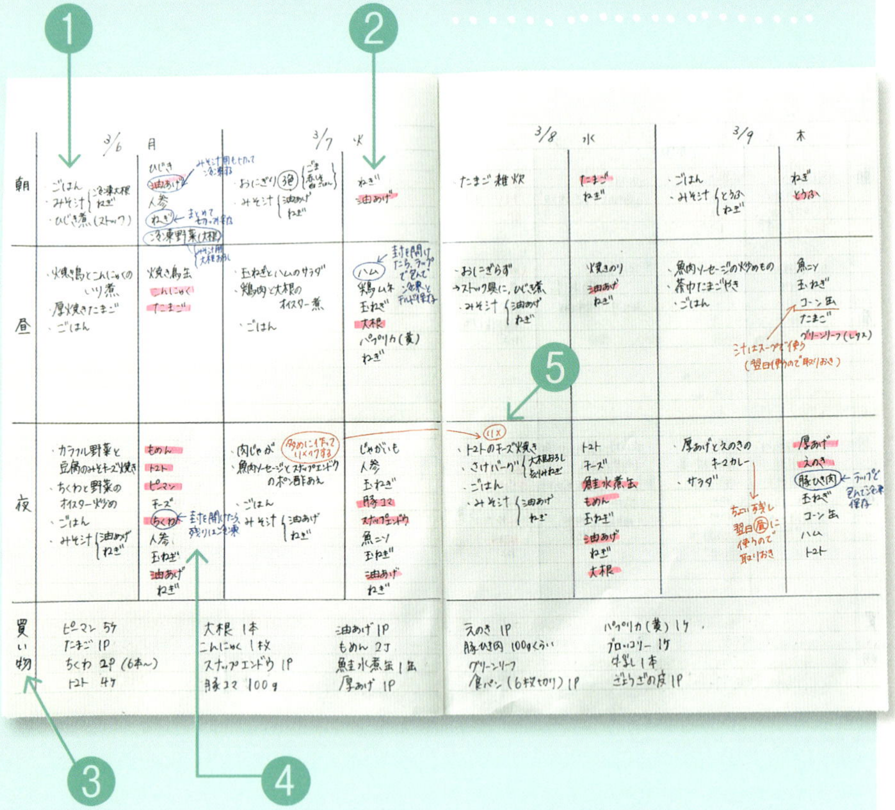

1 **献立欄**

メインを決めてから、在庫を考えながらサブを組み合わせて。

2 **食材欄**

献立に必要な食材を書き出し、家にないものはマーカーで印をつけて。

3 **買いもの欄**

その週に買ったものを記入。使いきったら線を引きます。

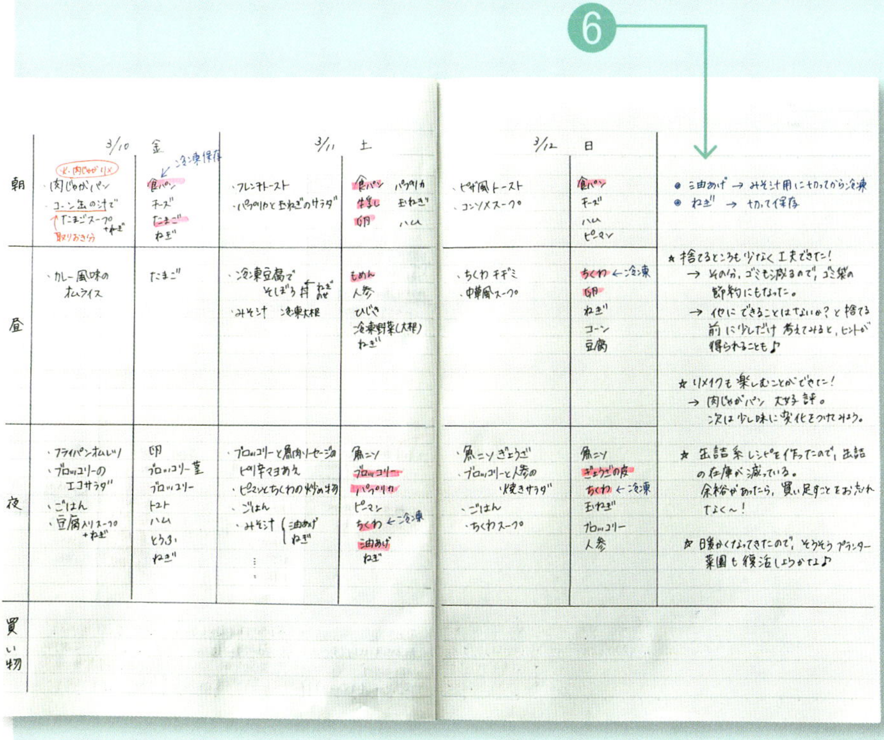
6
3/10 金
3/11 土
3/12 日
朝
昼
夜
買い物
火.肉じゃがリメ
・肉じゃがパン
・コーン缶の汁で
たまごスープ
+ねぎ
取りおき分
冷凍保存
食パン
チーズ
たまご
ねぎ
・カレー風味の
オムライス
たまご
・フライパンオムレツ
・ブロッコリーの
エコサラダ
・ごはん
・豆腐入りスープ
+ねぎ
卵
ブロッコリー茎
ブロッコリー
トマト
ハム
とうふ
ねぎ
・フレンチトースト
・パプリカと玉ねぎのサラダ
食パン
牛乳
卵
パプリカ
玉ねぎ
ハム
・冷凍豆腐で
そぼろ丼 ねぎのせ
・みそ汁 冷凍大根
もめん
人参
ひじき
冷凍野菜(大根)
ねぎ
・ブロッコリーと魚肉ソーセージの
ピリ辛マヨあえ
・ピーマンとちくわの炒め物
・ごはん
・みそ汁 油あげ ねぎ
魚ニソ
ブロッコリー
パプリカ
ピーマン
ちくわ ← 冷凍
油あげ
ねぎ
・ピザ風トースト
・コンソメスープ
食パン
チーズ
ハム
ピーマン
・ちくわ チヂミ
・中華風スープ
ちくわ ← 冷凍
卵
ねぎ
コーン
豆腐
・魚ニソぎょうざ
・ブロッコリーと人参の
焼きサラダ
・ごはん
・ちくわスープ
魚ニソ
ぎょうざの皮
ちくわ ← 冷凍
玉ねぎ
ブロッコリー
人参
● 油あげ → みそ汁用に切ってから冷凍
● ねぎ → 切って保存
☆ 捨てるところも少なく工夫できた!
→ その分、ゴミも減るので、ゴミ袋の節約にもなった。
→ 他にできることはないか? と捨てる前に少しだけ考えてみると、ヒントが得られることも♪
☆ リメイクも楽しむことができた!
→ 肉じゃがパン 大好評。
次は少し味に変化をつけてみよう。
☆ 缶詰系レシピを作ったので、缶詰の在庫が減っている。
余裕があったら、買い足すことをお忘れなく~!
☆ 暖かくなってきたので、そろそろプランター菜園も復活しようかな♪

4 冷凍保存

開封して残ったものは早めに冷凍。青字で目立たせます。

5 使いまわし

余りそうなおかずは、リメイクネタに。

6 コメント欄

週の終わりに感想や反省点を記入。次週のモチベーションにつなげます!

9 庫内温度をむやみに上げないようにして**食材の鮮度**をキープ

食材のムダといっしょに、光熱費のムダにも気をつけています。というのも、庫内温度が上がると電気代がかかるうえに、食材の鮮度が落ちる原因にもなるから。買った食材をおいしく食べきるためにも、配置や温度など小さなことから厳守！

鮮度を保つ冷蔵庫使いのポイント

1. むやみに開け閉めしない

開閉が少ないと冷気が循環してよく冷えるそう。料理するときは、途中で何度も開け閉めしないように、使う予定の調味料や食材など最初に全部出しておき、効率よくすすめています。

2. 冷凍室はぎっしり入れる

一般的に冷蔵室の詰め込みはNGと言われていますが、冷凍室は逆。凍った食材同士が冷却効果を高めてくれるので、すき間を作らず詰め込んだほうがしっかり冷えます。

3. 吹き出し口をふさがない

冷気の吹き出し口の前に物を置くと冷気の通りが悪くなり、庫内温度が下がりにくくなると言われています。詰め込みすぎは避け、熱いものを入れるときは必ずさましてから入れています。

4. 冷蔵庫は壁から離して置く

壁にぴったりくっつけてしまうと、放熱しにくくなって冷却効率が下がるとか。周囲にすき間をもたせ、オーブントースターなど熱を発するものは冷蔵庫の近くに置かないようにしています。

おすすめの
冷蔵庫グッズいろいろ

便利グッズを使って整理すると、冷蔵庫がますます機能的になって使いやすい！
日持ちがよくなったり、使いやすくなったり、管理するのがぐっと楽しくなります。

ラベリングに使うもの

テープライター

ドアポケットや保存容器のラベルは「テプラ」で作成。水濡れに強く、貼り直しも簡単。幅や文字サイズも設定でき、便利に使えます。

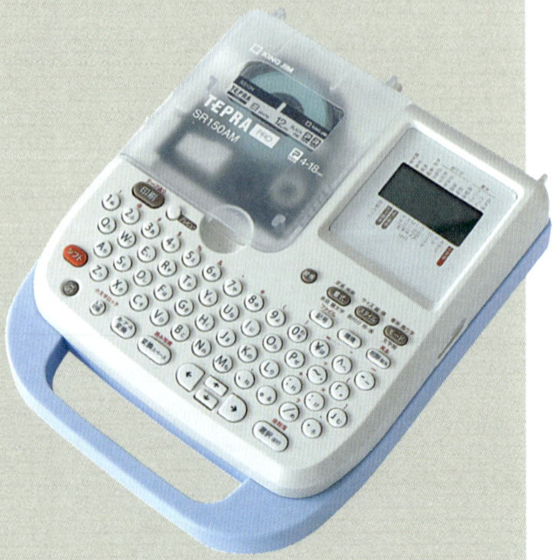

マスキングテープとペン

冷凍保存したものがひと目でわかるように、マスキングテープに油性ペンで名前を書いて貼っています。マステもペンも100均のものでOK！

食品保存のポリ袋

冷凍にも使えるポリ袋

「アイラップ」は加熱に強いポリ袋。電子レンジやお湯に使えるので、ゆで野菜作りやおかずの温め直しにお役立ち。

ファスナー式密封袋

切った野菜はファスナーつきの保存袋に入れ、空気をしっかり押し出して密閉。形がそろうので整理しやすく、持ちもよくなります。

野菜が長持ちする保存袋

野菜やくだものから放出される老化促進ホルモンのエチレンガスを吸着する鮮度保持袋。ダイソーなど100均で手に入ります。クリップはイケアで購入。

薄型の密封容器

セリアで買った高さ3cmのふたつき容器は、冷凍室でスペースをとらずに保存できるすぐれもの。お弁当用のおかずやおやつ入れにしています。

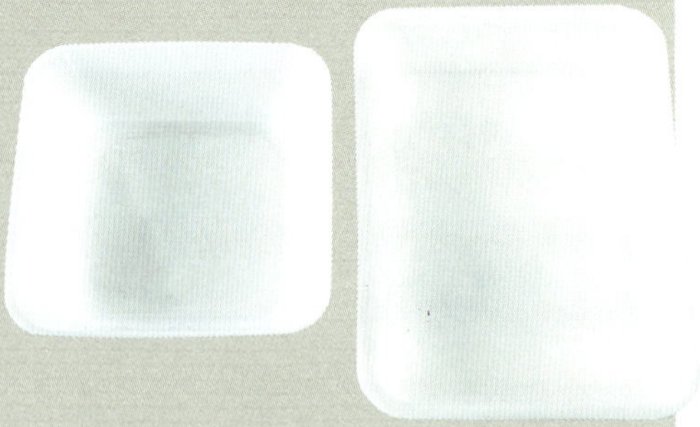

小さなものをまとめるトレー

2～3個セットで購入したセリアの浅いプラトレーは、野菜室の上段の仕切りに活用。半端野菜をまとめておくのに役立ちます。

スペースを仕切るもの

仕切りが便利なプラかご

小物野菜の整理に使えるのが仕切りつきのかご。仕切り位置が自由に変えられるタイプは、大きさに合わせて調整できるので使いやすいです。

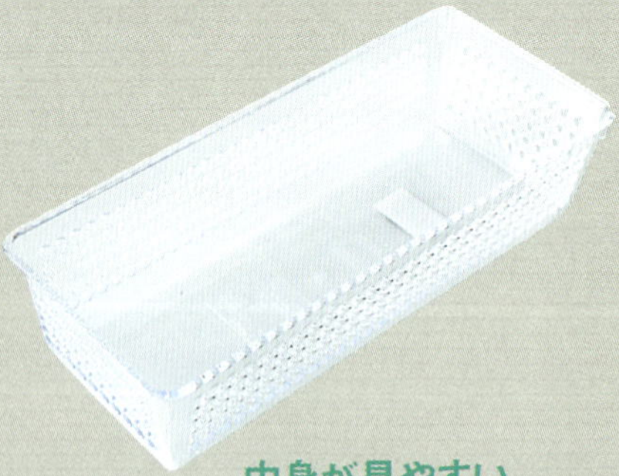

中身が見やすいプラかご

冷蔵室の食材整理に便利なプラかごですが、中身が見えない容器はダメ。透明のものを選び、かごを出さなくてもわかるようにしています。

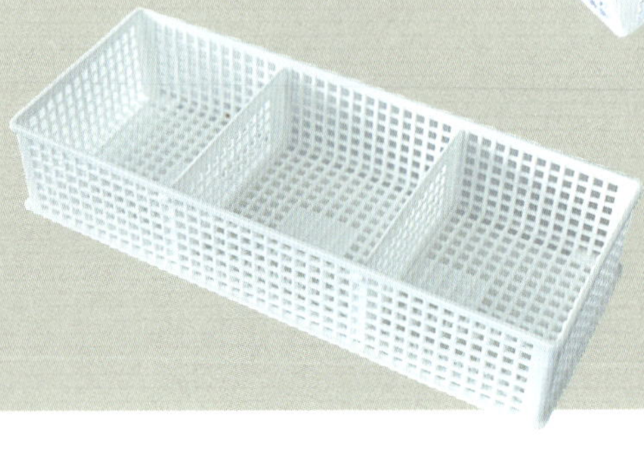

食品保存に使うもの

中身が見やすい調味料入れ

ワンプッシュで開けられて中身がひと目でわかるので、小袋調味料の整理にぴったり。ダイソーで見つけたもので、大中小サイズがあります。

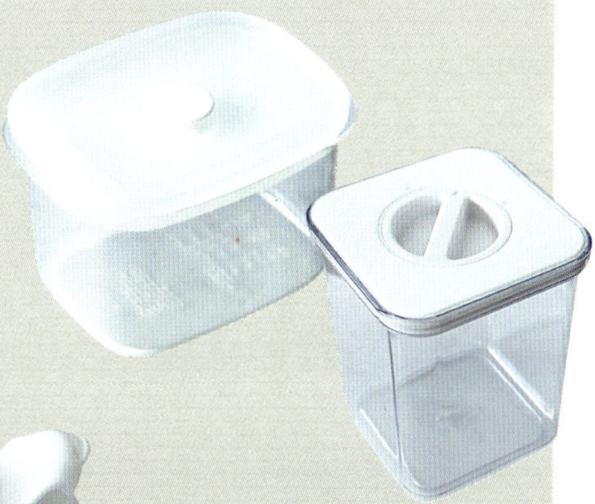

振り出し口が2つの調味料入れ

かつお粉や青のりなど粉末系調味料はセリアの調味料入れに。振り出し口が2か所あり、量によって使い分けができるしかけ。

簡単に密封できるふたつき容器

乾物、粉類の保存におすすめの密閉容器。右は「ホームコーディ」というイオンのオリジナル。左は無印良品のバルブ付き密閉保存容器。

困ったときのQ&A

冷蔵庫編

Q 一度整理しても、時間がたつとまたごちゃついてしまいます

A 余計なものまで入れていないか確認を

「とりあえず冷蔵庫」がクセになっていませんか？　冷やす必要のないものまで詰め込んでしまうと、たちまちギュウギュウになってしまいます。入れる前に「これはすぐに冷蔵庫に入れるもの?」と、自分に問いかけてみて。

Q 家族が冷蔵庫の中身を勝手にいじるので、定位置が作れません

A ラベルを貼ると戻す位置の目安になります

冷蔵庫のルールを決めるのは料理を作る人。ひるまず主導権を握りましょう!　「出したら元に戻す」を徹底してもらうため、ポケットや棚に品名ラベルを貼るのも効果的。戻すべき場所をひと目でわかるようにしておくと、家族も協力しやすくなると思います。

食費節約につまずいたら…
真由美流で乗りきって!

Q 冷蔵庫が小さくていつもパンパン。どうしたらいい?

A 絶対に入れたいものの優先順位を決めて

冷蔵庫で何を重視したいか考えてみましょう。たとえば作りおきをしたいなら、おかずを置くスペースを最優先に確保し、調味料やジャムといったほかの食材は種類を減らして調整します。すぐ飲まない飲みものなども入れすぎないように注意!

Q 家族がジュースやアイスを減らしてくれません

A 箱やダース買いは禁物。1本を大事に飲む習慣を

夫が炭酸飲料が好きなので実験しました! 割安な6本入りを買うとあっという間に消費してしまうんですが、1本ずつ買うと大事に飲もうという意識が働くのか減りが遅くなったんです。割高でもストックを極力少なめにしてはどうでしょう。

調理編

Q 料理が苦手なので**お総菜**や**レトルト**をつい買ってしまいます

A 市販の万能調味料をとことん使いましょう

味つけに失敗しない調味料に頼りましょう。おすすめはめんつゆと焼き肉のたれ。煮ものはめんつゆ、炒めものは焼き肉のたれだけで味つけできます。この2つにカレー粉、マヨネーズ、ケチャップをちょい足ししてもOK！

Q おかずが少ないと物足りない感じがして、**つい多めに**作ってしまいます

A 一汁二菜でも大丈夫 余ったら小分け冷凍して

イメージは居酒屋より定食屋。メインとサブ、汁ものとごはんがあれば十分満足できるので、一度試してみて。または、小分けして自家製冷凍食品に。ランチやお弁当に回してムダなく食べきれれば、多めに作っても問題なし。

Q **調味料**などどうしても使いきれません

A 買わずに過ごしてみては?

砂糖、塩、こしょう、しょうゆ、みそ、みりん、酒、酢、マヨネーズ。これだけでも、味つけは十分まかなえます。あるものだけで暮らしてみるのもひとつの方法。私は最後まで使いきれるイメージがわかない調味料には手を出しません。

Q 最強の食べきりテクを教えて

A カレー、チーズでリメイクです!

半端な肉や野菜は、刻んで餃子やお好み焼き、チャーハンに。食べ残したら、カレーやチーズなどしっかりした味でリメイクすれば変化がついて食べきれます。鍋に残ったカレーはマッシュポテトと混ぜてスコップコロッケにしたり、だし汁を足してカレーうどんにしても。

Q 節約してると栄養バランスが悪くなりそう

A 彩りを意識してみて

安食材や炭水化物ばかりに偏らないように、リーズナブルな旬の野菜もいっしょに使うのがポイント。お皿に盛りつけたとき、赤、緑、黄色などいろいろな色が入っていれば、栄養バランスもとれていると考えています。

Q 料理が苦手なので使いきるイメージがわきません

A 自分が知っている料理のなかで考えればよし

いきなりレパートリーを広げようとせず、自分や家族が好きな料理、知っている料理のなかで使いきれるレシピを調べてみて。食材も玉ねぎ、じゃがいも、にんじん、豚肉など定番のものなら、ネットでいろいろな食べ方が見つかりますよ。

食費管理編

Q 食費予算がどうしても守れません

A ムリするとリバウンドのもと。少しずつ減らして

予算が少なすぎるのかもしれません。5万円かかっているなら、予算5万円からスタート。そこから1か月でいくら残せるかチャレンジし、残った金額を5万円から差し引いて翌月の予算とします。少しずつ減らしてリバウンド防止!

Q ポイントを貯めるのでカード払いにしたいけど食費予算がよくわからなくなります

A 使いっぱなしはNG。現金と併用して感覚をつかんで

まず、決めた予算の現金を手元に置いておきます。使うカードは1枚に集約。カード払いしたら、ノートやスマホなどにいくら使ったかそのつど記録しておき、手元の現金から使った分を差し引いて残金を確認するようにします。すると、あといくら使えるか把握できますよ(詳しくはP.16)。

Q 捨てずに使いきっても食費が下がりません

A 一度、食費の内訳を出してみましょう

肉類が多いようなら、豆腐や野菜などでかさ増しすると効果的。「これはこのメーカーじゃないと!」など、“こだわり”が多い場合はメリハリをつけてみるのもひとつです。買い方を見直すのも大切。買う回数を減らす、買う店を変えるだけで変わりますよ。

Q 家計簿をつけていないので節約できてるかよくわかりません

A 通帳を家計簿がわりに活用。前月と比較してみて

通帳でチェックしてみてはどうでしょう?　毎月ほぼ同じ日の残高を見て、前月より増えていたら貯蓄が増えている＝節約に成功しています。細かく金額を書かなくても、通帳比較で結果だけチェックしていけばOK！

Q 予算オーバーしてしまったときはどうしてますか？

A 家計に予備費の費目を作りそこから補填します

予備費は月1万円でも2万円でも構いません。オーバーしたらそこから一時的に補填し、使わずに済んだら後取り貯金にしたり、レジャー費に回すのもいいですね。ほかの費目でプールできているお金があれば、そこから融通するのもアリです。

Q 安い食材ばかり使うと家族から文句が出ます

A コクやうまみを効かせて飽きないように工夫して

安い食材は淡白な味が多いので、シンプルに食べる料理ばかりだと飽きます。かつお節でうまみを加えたり、焼き肉のたれやケチャップなどパンチのある味で満足感を出すのがコツ。かさ増しなら2割程度にすると、バレずにおいしく食べてもらえます。

Q 節約を頑張りたいけど面倒くさい。モチベーションを保つ秘訣は？

A 何のためにお金を貯めるのかつねに意識!

目的を忘れないこと。“面倒くさい”と思ったとき「何のために始めたんだっけ?」と自分に問うと、続けられると思います。私も「誰の、何のために、なぜ節約しようと思ったのか」ということは、パッと答えられるようにしていますが、目的を自分の中にしっかりと持つことが大事だと思いますよ。

その他

Q 刺身や焼き肉、くだものも食べたいけどぜいたく？

A 予算に響かない範囲ならOK!

ぜいたくかどうかは、予算内で暮らせているかが基準になります。予算内に収まらず、その原因が高価な食材にあると思ったら、焼き肉は月1回にしたり、1回の買いものでくだものは1種類にするなど、わが家のルールを作ってみてはどうでしょう。

Q うまくいかないときストレスがたまったときどうしてる？

A ノートに悩みを書き出して頭の中を整理!

思いつくままに、グチ、悩み、アイデア、なんでも書き出してみる!　すると、不思議なことにイライラがだんだんおさまって解決策が見えてきます。ノートに書くことで自分や家計を客観的に見られるようになりますよ。

Q 挫折しないコツを一言！

A 自分をホメる! 楽しむ!

“貯め活”をとことん楽しむこと♪　私は、1日の中でちょこっとでも節約できたと感じたときは、「お!　私ってやるなぁ～、スゴイ!」って思っています（笑）。せっかく始めるなら、やっていて楽しいって思えることが大切です。

真由美の
節約金言集

食費節約はゲーム感覚で楽しみましょう♪
楽しいことは思いきり楽しんで、
引き締めるときは締める。
メリハリつけると長続きしますよ。

人と比べない。
比べるのは
昨日の自分。
昨日より
節約できた！
昨日より
ムダが減った！
それでいいんです。

自分に合ったペースがベスト。
ゆとりがないと
ちょっとでもずれたときに
挫折しちゃうんです。

一気に食費を
下げようとしても
リバウンドするだけ。
頑張りすぎないことも大事。

節約効果の大小よりも、
「思い立ったら
すぐ始める」ことを
優先したほうが、
テンションも上がるし
節約意識が
キープできます。

まずやることは**「食べきる」**。それだけです。
保存することも大切だけど、
そこで止まって
しまわないように！

とりあえず冷蔵庫に入れない。
それだけで、自然と節約できるようになります。

節約とダイエットは同じ。
お財布もカロリーも
いっしょに引き締めれば、
食べすぎの
リセットにもなります。

節約が苦手なほど
伸びしろがあるんです。
成果がすぐに出なくても
がっかりせず、
落ち込まないこと！

「何かに使えそう」は、
じつは使えない
ことのほうが多いです。
思いきった処分もときには必要。

「いいかも」と思ったら**すぐ実践**！
お試しを繰り返してベストな方法を考えます。

Staff

撮影／三佐和隆士　武田真由美

イラスト／吉井みい

ブックデザイン／山川香愛（山川図案室）

構成・取材／坂本典子・佐藤由香（シェルト*ゴ）

校閲／滝田 恵（シェルト*ゴ）

編集／東田卓郎

節約女王の

お金が貯まる冷蔵庫

著者　武田真由美

編集人　寺田文一

発行人　倉次辰男

発行所　株式会社 主婦と生活社

〒104-8357　東京都中央区京橋3-5-7

http://www.shufu.co.jp

編集部　03-3563-5130

販売部　03-3563-5121

生産部　03-3563-5125

製版所　東京カラーフォト・プロセス株式会社

印刷所　太陽印刷工業株式会社

製本所　株式会社若林製本工場

ISBN978-4-391-15183-1

武田真由美（たけだまゆみ）

雑誌で紹介された節約アイデアがきっかけでブレイク。現在は節約アドバイザーとして、家計の見直し、節約料理などの講師、記事の執筆、テレビ出演などで活躍。フォロワーが15万人超え（'18年3月現在）のブログ「真由美さんの1週間2500円節約レシピ」も日々更新中。著書に『節約女王・武田真由美の一汁二菜15分150円晩ごはん』『節約女王・武田真由美の1週間2500円ごはん』（ともに小社）など。

オフィシャルブログ

「真由美さんの1週間2500円

節約レシピ」

https://ameblo.jp/bistromayumi